知识产权行政执法实务系列丛书

知识产权
行政执法实务

（商标与地理标志篇）

胡光◎编写

中国人事出版社

图书在版编目(CIP)数据

知识产权行政执法实务. 商标与地理标志篇/胡光编写. -- 北京：中国人事出版社，2021

(知识产权行政执法实务系列丛书)

ISBN 978-7-5129-1128-4

Ⅰ.①知… Ⅱ.①胡… Ⅲ.①知识产权法-行政执法-中国②商标法-中国③地理标志-知识产权法-中国 Ⅳ.①D923.4

中国版本图书馆 CIP 数据核字(2021)第 167022 号

中国人事出版社出版发行

(北京市惠新东街 1 号 邮政编码：100029)

*

北京市艺辉印刷有限公司印刷装订 新华书店经销

787 毫米×1092 毫米 16 开本 20.5 印张 343 千字

2021 年 8 月第 1 版 2021 年 8 月第 1 次印刷

定价：78.00 元

读者服务部电话：(010) 64929211/84209101/64921644

营销中心电话：(010) 64962347

出版社网址：http://www.class.com.cn

前 言

创新是引领发展的第一动力，保护知识产权就是保护创新。党的十八大以来，我国知识产权事业不断发展，走出了一条中国特色知识产权发展之路。习近平总书记指出："知识产权保护工作关系国家治理体系和治理能力现代化，关系高质量发展，关系人民生活幸福，关系国家对外开放大局，关系国家安全。"他更强调，要重视知识产权人才队伍建设，各级领导干部要加强学习，熟悉业务，增强工作本领，推动我国知识产权保护工作不断迈上新的台阶。

知识产权行政执法是知识产权保护工作的一个重要环节。怎样才能让创新者得到更好的知识产权制度保障，使创新者在知识产权保护中勇于创新，在创新中获得知识产权保护，已成为当前知识产权行政执法人员的重要课题。

为尽快使知识产权行政执法人员掌握业务处理能力，从知识产权行政执法实战角度出发，我们组织了一线知识产权行政执法人员和知识产权法学专家、教授，全面梳理了知识产权行政执法的法律依据、执法流程及经典案例等执法实务，认真总结了多年的基层知识产权行政执法工作经验，编撰完成了这套实操性强、能让执法人员快速入门的《知识产权行政执法实务》。

这是一套根据当前知识产权行政执法机制改革实际情况，结合机构改革后知识产权行政执法队伍的整合、业务的重新调整以及业务技能的掌握情况，而推出的一套翻开就明白、翻开就能用的指南类图书。希望本套书的出版，能帮助在一线工作的知识产权行政执法人员，在短时间内掌握知识产权行政执法业务知识，提高业务能力，缩短知识产权行政案件处理时间，丰富知识产权行政执法经验，提高知识产权行政执法能力和水平；能助力于打造一支政治过硬、熟知法律、执法守法、敢于担当、业务精湛的知识产权行政执法队伍，促进知识产权行政执法标准和司法裁判标准统一，促进我国经济建设创新与发展。

本套书在编写过程中参考已有的执法指南，博采众长，合理安排结构篇章，将执法程序和实体法介绍分开设置。同时，把执法文书标准样式穿插在程序介绍中，并将所有文书样式和部分现行行政执法中所需的最新法律规定与标准集中放在一个二维码里，便于知识产权行政执法人员直接下载收藏。在实体法介绍章节，不仅叙述了法条是如何规定的，还辅以形象的图表、生动的案例进行通俗易懂的解释，将对立法目的的阐释体现其中，使执法人员能够正确执行其中的一些规则制度。例如，专利法规定涉及新产品制造方法专利采用举证责任倒置规则，为什么这样设置？该规则的适用前提是什么？请求人需要完成哪些前置举证责任？如何合理控制被请求方的举证程度？通过事例讲解，让执法人员做到既要保证请求人利益，又要防止专利权人将该规则作为不正当竞争的一种手段恶意利用，堂而皇之地获取被请求人的商业秘密。

本套书的主编为河南省新乡市市场监督管理局党组书记、局长牛长友，副主编为河南师范大学教授王鹏祥和河南省新乡市市场监督管理局党组成员、知识产权保护中心主任罗占新。其中专利篇有29万余字，由河南师范大学副教授张秀玲编写；商标与地理标志篇有34万余字，由河南师范大学副教授胡光编写。本套书在编写过程中得到了郭民生、李林启、陈大更、张宏亮等同志的大力支持，在此一并表示衷心感谢！本套书力求准确、详尽、通俗地对法律、法规条文和执法程序进行解读和说明，但因时间和水平有限，书中如有不妥和疏漏之处，敬请读者不吝赐教，以便再版时修正。

2021年5月

目 录

第一篇 商标

第二篇　地理标志

第一篇　商标

第一章
行政执法的基本规定

第一节　执法人员应了解的行政执法依据

一、实施行政处罚的基本法

1.《中华人民共和国行政处罚法》

公民、法人或者其他组织违反行政管理秩序的行为，应当给予行政处罚的，按照《中华人民共和国行政处罚法》（以下简称《行政处罚法》）的相关规定进行处罚，并由行政机关依照该法规定的程序实施。该法是执法人员实施行政处罚的最基本与核心的法律规范，主要包括以下内容。

（1）行政处罚的种类和设定。

（2）行政处罚的实施机关。

（3）行政处罚的管辖和适用。

（4）行政处罚的决定。

（5）行政处罚的执行。

2.《中华人民共和国行政强制法》

行政强制，包括行政强制措施和行政强制执行。行政强制措施，是指行政机关在行政管理过程中，为制止违法行为、防止证据损毁、避免危害发生、控制危险扩大等，依法对公民的人身自由实施暂时性限制，或者对公民、法人或者其他组织的财物实施暂时性控制的行为。行政强制执行，是指行政机关或者行政机关申请人民法院，对不履行行政决定的公民、法人或者其他组织，依法强制履行义务的行为。行政强制的设定和实施，适用《中华人民共和国行政强制法》（以下简称《行政强制法》）。该法主要包括以下内容。

（1）行政强制的种类和设定。

（2）行政强制措施实施程序。①一般规定。②查封、扣押。③冻结。

（3）行政机关强制执行程序。①一般规定。②金钱给付义务的执行。③代履行。

（4）申请人民法院强制执行。

二、实施行政处罚的专门法

1.《中华人民共和国商标法》

《中华人民共和国商标法》（以下简称《商标法》）用于加强商标管理，保护商标专用权，促使生产、经营者保证商品和服务质量，维护商标信誉，保障消费者和生产、经营者的利益，是商标领域行政执法的专业性认定依据。

2.《中华人民共和国商标法实施条例》

《中华人民共和国商标法实施条例》（以下简称《商标法实施条例》）是对《商标法》相关规定进行的补充性解释说明，以帮助市场监督管理者细致了解《商标法》。

3.《规范商标申请注册行为若干规定》

《规范商标申请注册行为若干规定》用于规范商标申请注册行为，规制恶意商标申请，维护商标注册管理秩序。

4.《商标印制管理办法》

使用印刷、印染、制版、刻字、织字、晒蚀、印铁、铸模、冲压、烫印、贴花等方式制作商标标识的，应当遵守《商标印制管理办法》的有关规定。

三、市场监督管理机关行政处罚程序的相关规定

1.《市场监督管理行政处罚程序暂行规定》

《市场监督管理行政处罚程序暂行规定》用于规范市场监督管理行政处罚程序，保障市场监督管理部门依法实施行政处罚，保护自然人、法人和其他组织的合法权益，是行政处罚在市场监督管理领域的具体实施依据。

2.《市场监管部门执法音像记录工作规定（试行）》

《市场监管部门执法音像记录工作规定（试行）》用于规范在市场监督管理过程中的执法音像记录与相关证据的收集行为。

3.《市场监管总局关于规范市场监督管理行政处罚裁量权的指导意见》

《市场监管总局关于规范市场监督管理行政处罚裁量权的指导意见》用于规范市场监督管理行政处罚行为，保障市场监督管理部门依法行使行政处罚裁量权，保护自然人、法人和其他组织的合法权益。该意见主要包括以下三个方面的内容。

（1）行政处罚裁量权行使原则。

（2）建立健全行政处罚裁量基准制度。

（3）行政处罚裁量权的适用规则。

特别注意：该意见及按照该意见制定的行政处罚裁量基准，可以作为行政处罚决定说理的内容，不得直接作为行政处罚的法律依据。行政处罚决定的内容与裁量基准规定不一致的，应当在案件调查终结报告中作出说明。

4.《市场监督管理行政处罚听证暂行办法》

《市场监督管理行政处罚听证暂行办法》用于规范在市场监督管理过程中涉及行政处罚听证的问题。

5.《行政执法机关移送涉嫌犯罪案件的规定》

《行政执法机关移送涉嫌犯罪案件的规定》规定了行政执法机关移送案件的条件、材料、程序以及违反该规定所应当接受的处罚等。

四、一般性执法裁判标准

1.《商标侵权判断标准》

《商标侵权判断标准》对商标侵权行为所涉及的各种形态的认定进行详细解释说明，帮助市场监督管理者更好地认定商标侵权行为。

2.《规范商标注册行为的若干规定》

《规范商标注册行为的若干规定》对商标注册行为所涉及的程序等问题进行详细解释说明，帮助市场监督管理者更好地了解商标注册的过程。

3.“类似商品和服务区分表”

“类似商品和服务区分表”是按照《商标注册用商品和服务国际分类》（又称《尼斯分类》）的原则和标准，结合中国国情制定的，可以为市场监督管理者在判断相同或近似的商标种类时提供依据。

第二节　行政执法资格

一、行政执法人员的有关规定

（1）行政执法人员必须符合下列条件。

1）行政执法机关或授权组织的工作人员。

2）年满十八周岁且具有高中以上文化程度。

3）没有受过刑事处罚或开除公职的行政处分。

4）已经取得专项行政执法资格。

5）法律、法规和规章规定的其他条件。

（2）行政执法人员的符合条件由所在行政执法机关和授权组织负责审查认定。

（3）从事行政执法工作的人员必须参加统一的行政执法资格考试，成绩合格，方可取得专项行政执法资格。行政执法资格考试成绩合格的，由省级人民政府法制工作部门授予专项行政执法资格并发放资格证书。

二、执法资质的取得、使用与吊销

（1）行政执法人员应持证上岗。

（2）行政执法人员执行公务活动时，应当主动出示行政执法证件。

（3）行政执法人员应当妥善保管行政执法证件，不得涂改、损毁或者转借他人。

（4）吊销行政执法证件，取消行政执法资格的具体情况由各地方省级人民政府法制机构规定。

三、行政执法人员回避制度

（1）市场监督管理部门实施行政处罚实行回避制度。参与案件办理的有关人员与当事人有直接利害关系的，应当回避。

（2）市场监督管理部门主要负责人的回避，由市场监督管理部门负责人集体讨论决定；市场监督管理部门其他负责人的回避，由市场监督管理部门主要负责人决定；其他有关人员的回避，由市场监督管理部门负责人决定。

第三节　行政处罚的种类与实施

一、行政处罚的种类

（1）警告、通报批评。

（2）罚款、没收违法所得、没收非法财物。

（3）暂扣许可证件、降低资质等级、吊销许可证件。

（4）限制开展生产经营活动、责令停产停业、责令关闭、限制从业。

（5）行政拘留。

（6）法律、行政法规规定的其他行政处罚。

二、行政处罚的实施

（1）行政处罚由具有行政处罚权的行政机关在法定职权范围内实施。

（2）国务院或者省、自治区、直辖市人民政府可以决定一个行政机关行使有关行政机关的行政处罚权，但限制人身自由的行政处罚权只能由公安机关和法律规定的其他机关行使。

（3）法律、法规授权的具有管理公共事务职能的组织可以在法定授权范围内实施行政处罚。

（4）行政机关按照法律、法规或者规章的规定，可以在其法定权限内书面委托符合《行政处罚法》第二十一条规定条件的组织实施行政处罚。行政机关不得委托其他组织或者个人实施行政处罚。委托行政机关对受委托组织实施行政处罚的行为应当负责监督，并对该行为的后果承担法律责任。

第四节　案件管辖权的确定

一、普通管辖

（1）行政处罚由违法行为发生地的县级以上市场监督管理部门管辖。法律、行政法规另有规定的除外。

（2）县级、设区的市级市场监督管理部门依职权管辖本辖区内发生的行政处罚案件，法律、法规或者规章规定由省级以上市场监督管理部门管辖的除外。

（3）县级市场监督管理部门派出机构在县级市场监督管理部门确定的权限范围内以县级市场监督管理部门的名义实施行政处罚，法律、法规或者规章授权以派出机构名义实施行政处罚的除外。

（4）县级以上市场监督管理部门可以在法定权限内委托符合《行政处罚法》规定条件的组织实施行政处罚。受委托组织在委托范围内，以委托行政机关名义实施行政处罚；不得再委托其他任何组织或者个人实施行政处罚。

二、特殊管辖

（1）对当事人的同一违法行为，两个以上市场监督管理部门都有管辖权的，由先立案的市场监督管理部门管辖。

（2）两个以上市场监督管理部门因管辖权发生争议的，应当自发生争议之日起七个工作日内协商解决；协商不成的，报请共同的上一级市场监督管理部门指定管辖。

（3）市场监督管理部门发现所查处的案件不属于本部门管辖的，应当将案件移送有管辖权的市场监督管理部门。受移送的市场监督管理部门对管辖权有异议的，应当报请共同的上一级市场监督管理部门指定管辖，不得再自行移送。

（4）上级市场监督管理部门认为必要时，可以直接查处下级市场监督管理部门管辖的案件，也可以将本部门管辖的案件交由下级市场监督管理部门管辖。法律、法规或者规章明确规定案件应当由上级市场监督管理部门管辖的，上级市场监督管理部门不得将案件交由下级市场监督管理部门管辖。

下级市场监督管理部门认为依法由其管辖的案件存在特殊原因，难以办理的，可以报请上一级市场监督管理部门管辖或者指定管辖。

（5）报请上一级市场监督管理部门管辖或者指定管辖的，上一级市场监督管理部门应当在收到报送材料之日起七个工作日内确定案件的管辖部门。

（6）市场监督管理部门发现所查处的案件属于其他行政管理部门管辖的，应当依法移送其他有关部门。

市场监督管理部门发现违法行为涉嫌犯罪的，应当按照有关规定将案件移送司法机关。

第二章
执法程序

第一节　执法的启动

一、确定案源

（一）举报与投诉

（1）当事人发现自己的注册商标专用权被侵犯，可以向“全国 12315 平台”投诉或举报。

（2）市场监督管理部门依据监督检查职权或者通过投诉、举报、其他部门移送、上级交办等途径发现违法行为线索。

（3）有下列情形之一的举报与投诉不予受理。

1）被投诉人或被举报人不明确的。

2）所举报或投诉的侵权事实不清楚的。

3）超出本级市场监督管理部门区域管辖范围的。

4）投诉人就同一事实已向人民法院提起民事诉讼的。

（二）举报的书面材料

（1）投诉书。投诉人须在投诉书上列明被投诉人、被投诉人地址、侵权事实、投诉要求、法律依据，以及投诉人姓名或名称、地址、联系电话、投诉日期、代理人等相关文件。

（2）营业执照。投诉人交营业执照复印件的须加盖原发照机关公章。

（3）商标注册证。投诉人交商标注册证复印件的须经商标所有人所在地的县级以上市场监督管理部门或者商标所有人加盖公章。

（4）侵权证据。侵权证据包括侵权实物、商标标识、有关票据或照片（含电子证据）等。

（三）文书范本

______________市场监督管理局

案件来源登记表

登记号：

<table>
<tr><td colspan="2">登记时间</td><td colspan="5">年 月 日 时 分</td></tr>
<tr><td colspan="2">来源分类</td><td colspan="5">□监督检查 □投诉、举报
□其他部门移送 □上级交办 □其他：________</td></tr>
<tr><td rowspan="10">案源提供人</td><td rowspan="2">监督检查人</td><td colspan="2">姓名</td><td></td><td>所属单位</td><td></td></tr>
<tr><td colspan="2">姓名</td><td></td><td>所属单位</td><td></td></tr>
<tr><td rowspan="5">投诉人、举报人</td><td rowspan="2">单位</td><td>名称</td><td colspan="3"></td></tr>
<tr><td colspan="2">法定代表人（负责人）</td><td colspan="2"></td></tr>
<tr><td>个人</td><td>姓名</td><td></td><td>身份证（其他有效证件）号码</td><td></td></tr>
<tr><td colspan="2">联系电话</td><td></td><td>其他联系方式</td><td></td></tr>
<tr><td colspan="2">联系地址</td><td colspan="3"></td></tr>
<tr><td rowspan="3">移送、交办部门</td><td colspan="2">名称</td><td colspan="3"></td></tr>
<tr><td colspan="2">联系人</td><td></td><td>联系电话</td><td></td></tr>
<tr><td colspan="2">联系地址</td><td colspan="3"></td></tr>
<tr><td rowspan="3">当事人</td><td>名称（姓名）</td><td colspan="5"></td></tr>
<tr><td>住所（住址）</td><td colspan="5"></td></tr>
<tr><td>联系电话</td><td colspan="3"></td><td>其他联系方式</td><td></td></tr>
<tr><td>案源登记内容</td><td colspan="6">登记人：
年 月 日</td></tr>
<tr><td>案源处理意见</td><td colspan="6">办案机构负责人：
年 月 日</td></tr>
<tr><td>备注</td><td colspan="6"></td></tr>
</table>

《案件来源登记表》使用指南

《案件来源登记表》是市场监督管理部门在对行政处罚案件来源及有关基本情况进行登记时所使用的文书。

1. 文书适用范围

市场监督管理部门办案机构在根据《市场监督管理行政处罚程序暂行规定》第十七条第一款，对依据监督检查职权或者通过投诉、举报、其他部门移送、上级交办等途径发现的违法行为线索进行登记时，使用本文书。

2. 文书使用注意事项

（1）“登记号”可以是按年度划分的流水号。

（2）“登记时间”是办案机构发现违法行为线索或者收到投诉、举报材料后，登记人员进行登记的时间。

（3）“来源分类”栏中根据实际情况填写。办案机构所在单位依据监督检查职权（包括随机抽查、监督抽检等）发现违法行为线索的，选择“监督检查”；办案机构所在单位在投诉处理中发现违法行为线索的，或者收到违法行为线索举报的（包括“全国 12315 平台”等系统分送的情形），选择“投诉、举报”；由其他部门移送违法行为线索的，选择“其他部门移送”；上级指定管辖或者交办的违法行为线索，选择“上级交办”。

（4）“监督检查人”“投诉人、举报人”“移送、交办部门”三栏内容，登记人根据实际情况填写。若有投诉人、举报人不愿留下姓名或者要求保密等情形，以及声明其提交材料的可靠程度等内容，应当在“备注”栏中注明。

（5）“当事人”栏下的“名称（姓名）”栏中，根据实际情况填写单位名称、个体工商户字号名称、经营者姓名及个人姓名。

（6）“案源登记内容”栏中应当简明记载案源基本情况，包括案源所反映的涉嫌违法主体、行为发生时间、地点等基本情况。“登记人”一般为办案机构的工作人员。

（7）“办案机构负责人”可根据不同情况在“案源处理意见”栏中签署意见，意见应当具体明确。若需要核查，应指定至少两名核查人员。

二、执法检查

（一）依据

《商标法》第六十一条规定，对侵犯注册商标专用权的行为，市场监督管理部门有权依法查处；涉嫌犯罪的，应当及时移送司法机关依法处理。

（二）职权范围

《商标法》第六十二条规定，县级以上市场监督管理部门根据已经取得的违法嫌疑证据或者举报，对涉嫌侵犯他人注册商标专用权的行为进行查处时，可以行使下列职权。

（1）询问有关当事人，调查与侵犯他人注册商标专用权有关的情况。

（2）查阅、复制当事人与侵权活动有关的合同、发票、账簿以及其他有关资料。

（3）对当事人涉嫌从事侵犯他人注册商标专用权活动的场所实施现场检查。

（4）检查与侵权活动有关的物品；对有证据证明是侵犯他人注册商标专用权的物品，可以查封或者扣押。

市场监督管理部门依法行使前款规定的职权时，当事人应当予以协助、配合，不得拒绝、阻挠。

三、立案

（一）立案审查

1. 立案材料

立案应当填写立案审批表，同时附上相关材料（投诉材料、申诉材料、举报材料、上级机关交办或者有关部门移送的材料、当事人提供的材料、监督检查报告、已核查获取的证据等），由县级以上市场监督管理部门负责人批准，办案机构负责人指定两名以上执法人员负责调查处理。

立案审查机构接到办案机构的审查材料后，应当予以登记，并指定具体承办人员负责审查工作。

2. 立案审查的主要内容

（1）所立案件是否具有管辖权。

（2）当事人的基本情况是否清楚。当事人是自然人的，应当要求其提交本人的有效身份证件复印件或有效的个体工商户营业执照副本复印件，并与原件进行核对；当事人是法人或者其他组织的，应当提交以下材料，并与原件进行核对：①加盖本单位公章的法人证书复印件或者有效营业执照副本复印件；②单位法定代表人或负责人的身份证明。

（3）相关材料是否齐全、完整。材料包括投诉书、营业执照、商标注册证、侵权证据等。

（4）案件事实是否清楚，证据是否充分。证据包括商标权人主体资格的证明、商标权利证书（如果是驰名商标，须提供驰名商标认证书；如果是国际商标注册，则须由国家知识产权局发布该国际注册在中国有效的证明）、侵权商品实物或照片、人证、视听证据等。

3. 立案时限

市场监督管理部门对依据监督检查职权或者通过投诉、举报、其他部门移送、上级交办等途径发现的违法行为线索，应当自发现线索或者收到材料之日起十五个工作日内予以核查，由市场监督管理部门负责人决定是否立案；特殊情况下，经市场监督管理部门负责人批准，可以延长十五个工作日。法律、法规或者规章另有规定的除外。

检测、检验、检疫、鉴定等所需的时间，不计入上述规定期限。

4. 立案审批

符合以下审查立案条件的，予以审批立案，并指定执法人员。

（1）投诉人具备投诉资格。

（2）投诉人提交的投诉材料齐全。

（3）投诉人投诉的事实构成商标侵权。

5. 不予立案与审批

（1）不予立案的理由包括以下几种。

1）商标权利不确定。

2）没有明确的投诉对象。

3）主要证据不具备。

4）代理权限不明确。

5）已就有关事实向人民法院起诉。

6）不是一案一投。

7）侵权事实不成立。

（2）对于不予立案的投诉举报，经市场监督管理部门负责人批准后，由办案机构将结果告知具名的投诉人、举报人。市场监督管理部门应当将不予立案的相关情况作书面记录留存。

（二）文书范本

______________市场监督管理局

立案/不予立案审批表

<table>
<tr><td rowspan="6">当事人</td><td rowspan="3">单位</td><td>名称</td><td colspan="3"></td></tr>
<tr><td>统一社会信用代码</td><td colspan="3"></td></tr>
<tr><td>法定代表人（负责人）</td><td colspan="3"></td></tr>
<tr><td rowspan="2">个体工商户或个人</td><td>字号名称</td><td></td><td>统一社会信用代码（注册号）</td><td></td></tr>
<tr><td>姓名</td><td></td><td>身份证（其他有效证件）号码</td><td></td></tr>
<tr><td colspan="2">住所（住址）</td><td colspan="3"></td></tr>
<tr><td colspan="3">案由</td><td colspan="3"></td></tr>
<tr><td colspan="3">案源登记时间</td><td colspan="3"></td></tr>
<tr><td colspan="3">核查情况及立案（不予立案）理由</td><td colspan="3">经办人：
年 月 日</td></tr>
<tr><td colspan="3">办案机构负责人意见</td><td colspan="3">办案机构负责人：
年 月 日</td></tr>
<tr><td colspan="3">部门负责人意见</td><td colspan="3">部门负责人：
年 月 日</td></tr>
<tr><td colspan="3">备注</td><td colspan="3"></td></tr>
</table>

《立案/不予立案审批表》使用指南

《立案/不予立案审批表》是市场监督管理部门在对案件拟作出立案或者不予立案决定，由办案机构提请市场监督管理部门负责人审批时所使用的文书。

1. 文书适用范围

市场监督管理部门在根据《市场监督管理行政处罚程序暂行规定》第十七条第一款，对违法行为线索的核查情况决定立案或者不予立案时，使用本文书。

2. 文书使用注意事项

（1）市场监督管理部门在具体使用本文书的过程中，应在标题及正文中对立案或者不予立案的情形进行选择。

（2）当事人有主体资格证照的，按照当事人主体资格证照记载事项填写统一社会信用代码、法定代表人（负责人）、住所（住址）等信息。当事人是个体工商户且有字号的，以字号名称作为当事人名称，同时填写经营者姓名、身份证（其他有效证件）号码。当事人主体资格证照未加载统一社会信用代码的，填写注册号或者其他编号。

（3）填写“案由”栏时应按照“涉嫌+违法行为性质+案”的方式表述。不予立案的，不填写“案由”。

（4）提交审批时，应当附《案件来源登记表》和核查取得的材料。移送的案件，还应当附移送机关移送的材料；上级交办的案件，还应当附上级的交办文书；投诉、举报案件，还应当附投诉、举报记录等相关材料。

（5）“核查情况及立案（不予立案）理由”栏中要写明涉嫌违法的行为、涉嫌违反的法律规定，以及立案或者不予立案的建议并说明理由。

（6）办案机构负责人建议立案的，应当指定两名以上办案人员负责调查处理。

（7）“备注”栏中可填写经市场监督管理部门负责人审批后发放的立案或者不予立案编号。

四、调查取证

（一）基本原则

（1）办案人员应当全面、客观、公正、及时地调查案件，收集、调取证据，并按照法律、法规、规章的规定进行检查。

（2）首次向当事人收集、调取证据的，应当告知其享有陈述权、申辩权以及申请回避的权利。

（3）市场监督管理部门及参与案件办理的有关人员对调查过程中知悉的国家秘密、商业秘密和个人隐私应当依法保密。

（二）取证执法规范

（1）办案人员不得少于两人，并应当向当事人或有关人员出示有效执法证件。

（2）办案人员应做到用语规范、举止文明。

（3）办案人员应向当事人告知执法依据和当事人应有的权利、义务，并保障当事人的合法权利。

（4）办案人员如与当事人有直接利害关系，应当回避。

（5）办案人员不得滥用职权，干扰或影响有关单位和个人的正常生产经营活动。

（6）办案人员应为有关单位和个人保守商业秘密和个人隐私。

（三）取证措施

市场监督管理部门依法行使规定的职权时，当事人应当予以协助、配合，不得拒绝、阻挠。

在调查取证中，办案人员可采取下列措施。

（1）询问有关当事人，调查与侵犯他人注册商标专用权有关的情况。

（2）查阅、复制当事人与侵权活动有关的合同、发票、账簿以及其他有关资料。

（3）对当事人涉嫌从事侵犯他人注册商标专用权活动的场所实施现场检查。

（4）检查与侵权活动有关的物品；对有证据证明是侵犯他人注册商标专用权的物品，可以查封或者扣押。

（5）法律、法规或者规章规定的其他措施。

（四）取证内容

办案人员应当依法收集与案件有关的证据。证据包括以下几种。

（1）书证。

（2）物证。

（3）视听资料。

（4）电子数据。

（5）证人证言。

（6）当事人陈述。

（7）鉴定意见。

（8）勘验笔录、现场笔录。

立案前核查或者监督检查过程中依法取得的证据材料，可以作为案件的证据使用。对于移送的案件，移送机关依职权调查收集的证据材料，可以作为案件的证据使用。

（五）证据固定

1. 书面证据

（1）办案人员询问当事人或者证人，应制作询问笔录等文书。询问应当个别进行并制作笔录，询问笔录应当交被询问人核对。对阅读有困难的，办案人员应当向其宣读；笔录如有差错、遗漏，办案人员应当允许其更正或者补充。涂改部分应当由被询问人签名、盖章或者以其他方式确认。经核对无误后，由被询问人在笔录上逐页签名、盖章或者以其他方式确认。办案人员应当在笔录上签名。

（2）办案人员向有关单位和个人调取书证、物证，应制作调取证据通知书、证据登记保存清单等文书。

（3）办案人员进行现场检查（勘验）等，应制作现场检查（勘验）笔录等文书。

（4）办案人员采用抽查取样方式，应制作抽查取样通知书及物品清单等文书。

（5）办案人员听取当事人陈述和申辩，应制作权利告知书，陈述、申辩笔录等文书。

2. 视听证据

（1）办案人员收集、调取的视听资料应当是有关资料的原始载体。调取视听资料原始载体有困难的，可以提取复制件，并注明制作方法、制作时间、制作人等。声音资料应当附有该声音内容的文字记录。

（2）办案人员收集、调取的电子数据应当是有关数据的原始载体。收集电子数据原始载体有困难的，可以采用复制、委托分析、书式固定、拍照录像等方式取证，并注明制作方法、制作时间、制作人等。

（3）市场监督管理部门可以利用互联网信息系统或者设备收集、固定违法行为证据。用来收集、固定违法行为证据的互联网信息系统或者设备应当符合相关规定，保证所收集、固定的电子数据的真实性、完整性。

（4）市场监督管理部门可以指派或者聘请具有专门知识的人员，辅助办案人员对案件关联的电子数据进行调查取证。

3. 信息证据

（1）基本原则。

1）取证过程合法原则，即计算机取证过程必须按照法律的规定公开进行，在此基础上得到真实且具有证明效力的证据。

2）冗余备份原则，即对于含有计算机证据的介质至少制作两个副本，原始介质应存放在专门的证据室由专人保管，复制品可以用于计算机取证人员进行证据的提取和分析。

3）严格管理过程原则，即含有计算机证据介质的移交、保管、开封、拆卸的过程必须由办案人员、当事人（或委托见证人）和技术人员共同完成，每一个环节都必须检查证据的真实性和完整性，并制作详细的笔录，由上述行为人共同签名。

（2）取证方式。

1）打印。对网络侵权案件在其文字内容有证明意义的情况下，可以直接通过将有关内容打印在纸张上的方式进行取证。打印后，可以按照提取书证的方法予以保管固定，并注明打印的时间、有关数据信息在计算机中的位置（如存放于哪个文件夹中等），以及取证人员等。如果是普通操作人员进行的打印，应当采取措施监督打印过程，防止操作人员实施修改、删除等行为。

2）复制。这是一种将计算机文件复制到软盘、移动硬盘或光盘中的方式。首先，取证人员应当检验所准备的软盘、移动硬盘或光盘，确认没有受到病毒感染。复制之后，应当及时检查复制的质量，防止因保存方式不当等原因而导致复制不成功或病毒感染等。取证后，注明提取的时间并封闭取回。

3）拍照、录像。如果侵权证据具有视听资料的证据意义，可以采用拍照、录像的方法进行证据的提取和固定，以便全面地反映证据的证明作用。同时对取证全程进行拍照、录像，还具有增加证明力、防止翻供的作用。

4）制作司法文书。一般包括检查笔录和鉴定。检查笔录是指对取证中，证据种类、方式、过程、内容等全部情况进行的记录。鉴定是专业人员就取证中的专门问题进行的认定，也是一种固定证据的方式。制作司法文书时可以将权威部门对特定事实的认定作为证据，具有专门性、特定性和较高的证明力。该方式主要适用于对具有网络特色的证据的提取，如数字签名、电子商务等，目前在我国专门从事这种网络业务认证的中介机构尚不完善，仍处在建立阶段。

5）查封、扣押。对于涉及案件的证据、材料、物件，为了防止有关当事人进行损毁、破坏，对有证据证明是侵犯他人注册商标专用权的物品，可以采取查封或者扣押的方式，将有关材料置于办案部门保管之下。可以对通过上述几种方式导出的证据进行查封、扣押，也可以对一些已经加密的证据进行查封、扣押。如在查处商标侵权案件的过程中，办案部门依法查封、扣押办公用具及商业资料，将硬盘从机箱里拆出，在笔录上注明“扣押×品牌×型号硬盘一块”。对已经加密的数据文件进行查封、扣押，往往需要将整个存储器从机器中拆卸出来并聘请专门人员对数据进行还原处理，在这种情况下采取查封、扣押措施必须相当审慎，以免对原用户或其他合法客户的正常工作造成侵害。一旦硬件被损坏或误操作导致的数据不能被读取或数据毁坏，其带来的损失将是不可估量的。

6）公证。由于电子证据极易被破坏，一旦被破坏又难以恢复原状，所以，通过公证机构将有关证据进行公证固定是获取电子证据的有效途径之一。

4. 现场抽样

（1）市场监督管理部门抽样取证时，应当通知当事人到场。办案人员应当制作抽样记录，载明时间、地点、事件等内容，对样品加贴封条，开具清单，由办案人员、当事人在封条和相关记录上签名或者盖章。

法律、法规、规章或者国家其他有关规定对实施抽样机构的资质或者抽样方式有明确要求的，市场监督管理部门应当委托有关机构或者按照规定方式抽取样品。

（2）通过网络、电话购买等方式抽样取证的，应当采取拍照、截屏、录音、录像等方式对交易过程、商品拆包查验及封样等过程进行记录。

5. 境外证据

（1）从中华人民共和国领域外取得的证据，应当说明来源，经所在国公证机关证明，并经中华人民共和国驻该国使领馆认证，或者履行中华人民共和国与证据所在国订立的有关条约中规定的证明手续。

（2）在中华人民共和国香港特别行政区、澳门特别行政区和台湾地区取得的证据，应当具有按照有关规定办理的证明手续。

（3）外文书证或者外国语视听资料等证据应当附有由具有翻译资质的机构翻译的

或者其他翻译准确的中文译本，并由翻译机构盖章或者翻译人员签名。

6. 其他证据材料

（1）办案人员可以要求当事人及其他有关单位和个人在一定期限内提供证明材料或者与涉嫌违法行为有关的其他材料，并由材料提供人在有关材料上签名或者盖章。

（2）市场监督管理部门在查处侵权假冒等案件的过程中，可以要求权利人对涉案产品是否为权利人生产或者其许可生产的产品进行辨认，也可以要求其对有关事项进行鉴定。县级以上市场监督管理部门可以委托商标注册人对涉嫌假冒注册的商标商品及商标标志进行鉴定，由其出具书面鉴定意见，并承担相应法律责任。被鉴定者无相反证据推翻该鉴定结论的，市场监督管理部门将该鉴定结论作为证据予以采纳。

鉴定报告中不得只有笼统的结论，鉴定结论应当包括鉴定方法和假冒商品具体特征的表述。

（3）为查明案情，需要对案件中专门事项进行检测、检验、检疫、鉴定的，市场监督管理部门应当委托具有法定资质的机构进行，没有具有法定资质的机构的，可以委托其他具备条件的机构进行。检测、检验、检疫、鉴定结果应当告知当事人。

上述文书均应由行政执法人员、行政相对人及有关人员签字或盖章。

当事人或有关人员拒绝接受调查和提供证据的，行政执法人员应进行记录。

五、取证规范

（1）首次向当事人收集、调取证据的，办案人员应当告知其享有陈述权、申辩权以及申请回避的权利。

（2）办案人员调查或者进行检查时不得少于两人，并应当向当事人或者有关人员出示执法证件。

（3）须委托其他市场监督管理部门协助调查取证的，应当出具书面委托调查函，受委托的市场监督管理部门应当积极予以协助。无法协助的，应当及时将无法协助的情况函告委托部门。

（4）证据应当符合法律、法规或者规章等关于证据的规定，并经查证属实，才能作为认定案件事实的依据。

（5）办案人员收集、调取的书证、物证应当是原件、原物。调取原件、原物有困难的，可以提取复制件、影印件或者抄录件，也可以拍摄或者制作足以反映原件、原物外形或者内容的照片、录像。复制件、影印件、抄录件和照片、录像由证据提供人核对无误后注明与原件、原物一致，并注明出证日期、证据出处，同时签名或者盖章。

六、查封、扣押与鉴定

（一）基本原则

（1）市场监督管理部门可以按照法律、法规的规定采取查封、扣押等行政强制措施。采取或者解除行政强制措施，应当经市场监督管理部门负责人批准。

（2）市场监督管理部门实施行政强制措施应当按照《行政强制法》第十八条规定的程序进行，并当场交付《实施行政强制措施决定书》和清单。同时，应当告知当事人有申请行政复议和提起行政诉讼的权利。

（二）程序与要求

（1）查封、扣押当事人的财物，应当当场清点，开具清单，由当事人和行政执法人员签名或者盖章，交当事人一份，并当场交付查封、扣押财物决定书。情况紧急，需要当场采取行政强制措施的，行政执法人员应当在二十四小时内向市场监督管理部门负责人报告，并补办批准手续。市场监督管理部门负责人认为不应当采取行政强制措施的，应当立即解除。

（2）扣押当事人托运的物品，应当制作《协助扣押通知书》，通知有关运输部门协助办理，并书面通知当事人。

（3）对当事人家存或者寄存的涉嫌违法物品，需要扣押的，责令当事人取出；当事人拒绝取出的，应当会同当地有关部门将其取出，并办理扣押手续。

查封、扣押的场所、设施或者财物应当妥善保管，不得使用或者损毁；市场监督管理部门可以委托第三人保管，第三人不得损毁或者擅自转移、处置。

查封的场所、设施或者财物，应当加贴市场监督管理部门封条，任何人不得随意动用。

（4）对鲜活物品或者其他不易保管的财物，法律、法规规定可以拍卖或者变卖的，或者当事人同意拍卖或者变卖的，经市场监督管理部门负责人批准，在采取相关措施留存证据后可以依法拍卖或者变卖。拍卖或者变卖所得款项由市场监督管理部门暂予保存。

被查封的物品，应当加贴市场监督管理部门封条，任何人不得随意动用。

（5）查封、扣押的财物，经查明确实与违法行为无关或者不再需要采取查封、扣押措施的，应当解除查封、扣押措施，送达解除查封、扣押决定书，将查封、扣押的财物如数返还当事人，并由办案人员和当事人在财物清单上签名或者盖章。

（三）时效

（1）查封、扣押的期限不得超过三十日；情况复杂的，经市场监督管理部门负责人批准，可以延长，但是延长期限不得超过三十日。法律、行政法规另有规定的除外。

（2）延长查封、扣押的决定应当及时书面告知当事人，并说明理由。

（3）对物品需要进行检测、检验、检疫、鉴定的，查封、扣押的期间不包括检测、检验、检疫、鉴定的期间。检测、检验、检疫、鉴定的期间应当明确，并书面告知当事人。检测、检验、检疫、鉴定的费用由市场监督管理部门承担。

办案人员在调查取证时，对专门性问题，交由专门部门或者注册商标权人鉴定；鉴定完毕后，应当制作《鉴定意见书》。

七、登记与保存

（一）基本原则

在证据可能灭失或者以后难以取得的情况下，市场监督管理部门可以对与涉嫌违法行为有关的证据采取先行登记保存措施。记录应包括以下事项。

（1）证据保全的启动理由。

（2）证据保全的具体标的。

（3）证据保全的形式，包括先行登记保存证据法定文书、复制、音像、鉴定、勘验、制作询问笔录等。

（二）程序

（1）采取先行登记保存措施或者解除先行登记保存措施，应当经市场监督管理部门负责人批准。

（2）情况紧急，需要当场采取先行登记保存措施的，执法人员应当在二十四小时内向市场监督管理部门负责人报告，并补办批准手续。市场监督管理部门负责人认为不应当采取先行登记保存措施的，应当立即解除。

（3）具体步骤。

1）先行登记保存有关证据，应当当场清点，开具清单，由当事人和办案人员签名或者盖章，交当事人一份，并当场交付先行登记保存证据通知书。

先行登记保存期间，当事人或者有关人员不得损毁、销毁或者转移证据。

2）对于先行登记保存的证据，应当在七日内采取以下措施：①根据情况及时采取记录、复制、拍照、录像等证据保全措施；②需要检测、检验、检疫、鉴定的，送交检测、检验、检疫、鉴定；③按照有关法律、法规规定可以采取查封、扣押等行政强制措施的，决定采取行政强制措施；④违法事实成立，应当予以没收的，作出行政处罚决定，没收违法物品；⑤违法事实不成立，或者违法事实成立但依法不应当予以查封、扣押或者没收的，决定解除先行登记保存措施。逾期未采取相关措施的，先行登记保存措施自动解除。

八、文书范本

授权委托书

委托单位（人）：________________

住所（住址）：________________

法定代表人（负责人）：________________职务：________________

身份证或其他有效证件名称：________________证件号码：________________

联系电话：________________

受委托人姓名：________________

单位（住所）：________________职务：________________

身份证或其他有效证件名称：________________证件号码：________________

联系电话：________________

现委托________________，身份证号：________________，系________________，作为委托人在________________一案中的委托代理人。

委托权限（在□中打√）：

□1. 接受检查、调查、询问。

□2. 提交、确认相关证据材料。

□3. 确认、签收相关法律文书。

□4. 代为行使申请回避权及陈述权、申辩权、听证权。

□5. 代为放弃申请回避权及陈述权、申辩权、听证权。

□6. 签署送达地址确认书。

□7. 其他：________________

委托期限：自　　年　　月　　日起至　　年　　月　　日/案件处理完毕止。

委托人：__________（盖章）：　　　　年　　月　　日

委托代理人：__________　　　　年　　月　　日

《授权委托书》使用指南

《授权委托书》是当事人委托他人代为处理案件有关事宜须提供的证明文书式样，以及其他相关人员在受涉嫌违法当事人的委托，到市场监督管理部门接受调查时所使用的文书。

1. 文书适用范围

当事人在委托他人代为接受检查、调查、询问，以及签收相关法律文书等处理案件有关的事宜时，使用本文书。

2. 文书使用注意事项

（1）市场监督管理部门行政执法人员在收到当事人的授权委托书时，须注意审查委托权限和委托代理的期限。若委托权限仅注明“全权代理”，则视为一般授权。

（2）委托人为个人的，由委托人签字确认；委托人为单位的，一般应由单位法定代表人签字确认，并加盖单位公章。

______市场监督管理局

证据提取单

<table>
<tr><td>证据提供人</td><td colspan="2"></td></tr>
<tr><td>证据来源</td><td colspan="2"></td></tr>
<tr><td>取证人</td><td colspan="2"></td></tr>
<tr><td>取证时间</td><td colspan="2"></td></tr>
<tr><td>取证地点</td><td colspan="2"></td></tr>
<tr><td>证据名称及页码</td><td colspan="2"></td></tr>
<tr><td colspan="3">证据提供人意见及签名（盖章）确认：

年　月　日</td></tr>
<tr><td colspan="3">执法人员（取证人）签名确认：

年　月　日</td></tr>
<tr><td rowspan="4">视听资料</td><td>制作方法</td><td></td></tr>
<tr><td>制作时间</td><td></td></tr>
<tr><td>制作人</td><td></td></tr>
<tr><td>声音文字记录
（可另附页）</td><td></td></tr>
<tr><td>备注</td><td colspan="2"></td></tr>
</table>

《证据提取单》使用指南

《证据提取单》是市场监督管理部门的执法人员在为查明案情，提取书证、物证等证据时所使用的文书。

1. 文书适用范围

市场监督管理部门在办理行政处罚案件，收集、调取证据时，可使用本文书。当证据材料无法粘贴时，可不使用本文书。

2. 文书使用注意事项

（1）收集、调取的证据可附后，须在本文书及证据的骑缝处以签名、盖章或者其他方式确认。

（2）收集、调取的书证、物证应当是原件、原物。调取原件、原物有困难的，可以提取复制件、影印件或者抄录件，也可以拍摄或者制作足以反映原件、原物外形或者内容的照片、录像。

（3）复制件、影印件、抄录件和照片、录像由证据提供人核对无误后注明与原件、原物一致。当事人提供证据但拒绝确认的，应注明原因，有条件的可采取录音、录像等方式记录。传真件应制作成复印件，并保留传真时间和传真号码。

（4）收集、调取的视听资料应当是有关资料的原始载体。调取视听资料原始载体有困难的，可以提取复制件，并注明制作方法、制作时间、制作人等。声音资料应当附有该声音内容的文字记录。

（5）收集、调取的电子数据应当是有关数据的原始载体。收集电子数据原始载体有困难的，可以采用复制、委托分析、书式固定、拍照录像等方式取证。以书式固定、拍照、录像等方式取证的，可以适用本文书，并在“备注”栏中注明制作方法、制作时间、制作人等。

（6）从中华人民共和国领域外取得的证据，应当说明来源，经所在国公证机关证明，并经中华人民共和国驻该国使领馆认证，或者履行中华人民共和国与证据所在国订立的有关条约中规定的证明手续。

在中华人民共和国香港特别行政区、澳门特别行政区和台湾地区取得的证据，应当具有按照有关规定办理的证明手续。

外文书证或者外国语视听资料等证据应当附有由具有翻译资质的机构翻译的或者其他翻译准确的中文译本，由翻译机构盖章或者翻译人员签名。

（7）所粘贴的证据，应由提供人在骑缝处以签名、盖章或者其他方式确认。

若取证过程有见证人的，可由见证人在“备注”栏中对取证过程填写意见并签名或者以其他方式确认。

陈述（申辩）笔录

陈述（申辩）时间：________年____月____日____时____分至____时____分

陈述（申辩）地点：____

陈述（申辩）人：______________________________性别：____________

工作单位：__________________________________电话：____________

住所（住址）：________________________________邮编：____________

记录人：________________________执法证号：____________________

陈述（申辩）请求：____

事实和理由：____

____

____

____

____

____

____

____

____

____

____

____

____

[陈述（申辩）人、记录人应当逐页签字确认。]

（以下是笔录尾页）

陈述（申辩）人阅核后签注“笔录上述内容，记录属实。”

陈述（申辩）人签字：________　　　　　　　　________年____月____日

记录人签字：________________　　　　　　　　________年____月____日

第　页共　页

＿＿＿＿＿＿市场监督管理局

询问调查通知书

＿＿市监＿＿字〔＿＿〕＿＿号

＿＿＿＿＿＿＿＿＿＿：

为调查了解＿＿＿，请于＿＿＿＿年＿＿月＿＿日＿＿时＿＿分到＿＿＿＿＿＿＿＿＿＿＿＿＿＿＿＿＿＿＿＿＿＿＿＿＿＿＿＿＿＿＿＿＿＿接受询问调查。按照《中华人民共和国行政处罚法》第五十五条的规定，你（单位）有如实回答询问、协助调查或者检查的义务。

请携带以下材料：

1. ＿＿

2. ＿＿

3. ＿＿

如你（单位）委托其他人员接受询问调查的，委托代理人应同时提供授权委托书及委托代理人身份证明。

办案人员：＿＿＿＿＿＿＿＿、＿＿＿＿＿＿＿＿

联系电话：＿＿＿＿＿＿＿＿＿＿＿＿＿＿＿＿

＿＿＿＿＿＿市场监督管理局

（印章）

年　　月　　日

本文书一式＿＿份，＿＿份送达，一份归档，＿＿＿＿＿＿。

《询问调查通知书》使用指南

《询问调查通知书》是市场监督管理部门在依法行使职权、查办涉嫌违法案件的过程中为查明案件事实，要求当事人或者相关人员接受询问、提供材料时所使用的文书。

1. 文书适用范围

市场监督管理部门根据《市场监督管理行政处罚程序暂行规定》第二十六条、第二十七条，在要求当事人或者有关人员接受询问、提供材料时，使用本文书。

2. 文书使用注意事项

（1）需要询问当事人并要求其同时提供有关材料的，可直接使用本文书，一般无须同时制发《限期提供材料通知书》。

（2）首次询问当事人的，须由被询问人提供身份证或者其他有效身份证件；当事人属于单位或者个体工商户的，还应当由当事人提供营业执照或者其他主体资格证照。

（3）办案人员要求当事人及其他有关单位、个人提供证明材料或者与违法行为有关的其他材料的，应由材料提供人在有关材料上签名或者盖章。

（4）本文书须送达当事人，并归档。

______市场监督管理局

询问笔录

时间：____年__月__日__时__分至____年__月__日__时__分第__次

地点：________

询问人：________执法证号：________

询问人：________执法证号：________

被询问人：________性别：________

身份证（其他有效证件）号码：________

工作单位：________职务：________

联系电话：________其他联系方式：________

联系地址：________

询问人：你好，我们是________市场监督管理局的执法人员，已向你出示了我们的执法证件。你是否看清楚？

被询问人：________

问：我们依法就________有关问题进行调查，请予配合。按照法律规定，你有权进行陈述和申辩。如果你认为调查人员与本案有直接利害关系，你有依法申请回避的权利，你是否申请调查人员回避？

答：________

问：你应当如实回答询问问题，并协助调查，不得阻挠，否则要承担相应的法律责任。你是否明白？

答：________

____

____

____

____

____

____

____

____

____

____

____

____

被询问人：________　　年　月　日

询问人：________　　年　月　日

第　页　共　页

（尾 页）

询问人：以上是本次询问情况的记录，请核对/已向你宣读，如果属实请确认。

被询问人：

被询问人：________________ 年 月 日

询问人：________、________ 年 月 日

第 页 共 页

《询问笔录》使用指南

《询问笔录》是市场监督管理部门的办案人员为了在查清案情，对当事人和其他人员进行询问、调查并记录有关内容时所使用的文书。

1. 文书适用范围

市场监督管理部门在根据《市场监督管理行政处罚程序暂行规定》第二十六条，询问当事人和其他人员时，使用本文书。

2. 文书使用注意事项

（1）被询问人不是当事人或者当事人的委托代理人的，不需要告知其享有陈述权、申辩权以及申请回避的权利。

（2）每份笔录对应一个被询问人。

（3）如果笔录最后一行文字后有空白，应当在最后一行文字后加上“以下空白”字样。

（4）被询问人对笔录进行核对的，询问人员选择“请核对”，由被询问人在笔录最后处写上“已核对，属实、无误。”，并签名、盖章或者以其他方式确认。被询问人阅读有困难的，应当向其宣读笔录，询问人员选择“已向你宣读”，由被询问人签名、盖章或者以其他方式确认宣读情况。

（5）笔录需要更正的，涂改部分要由被询问人以签名、盖章或者其他方式确认。

________市场监督管理局

现场笔录

时间：______年___月___日___时___分至______年___月___日___时___分

地点：________________________________

检查人员：______________________执法证号：______________________

检查人员：______________________执法证号：______________________

当事人：________________________________

主体资格证照名称：________________________________

统一社会信用代码（注册号）：________________________________

住所（住址）：________________________________

法定代表人（负责人、经营者）：________________________________

身份证（其他有效证件）号码：________________________________

联系电话：______________________其他联系方式：______________________

联系地址：________________________________

通知当事人到场情况：________________________________

____

____

检查人员：我们是______________________的执法人员。现向你出示我们的执法证件，你是否看清楚？

当事人：________________________________

检查人员：你有权进行陈述和申辩。你应当如实回答问题，并协助调查或者检查，不得阻挠。你认为检查人员与你（单位）有直接利害关系的，你有依法申请回避的权利。你是否申请检查人员回避？

当事人：________________________________

____

____

当事人（签名或者盖章）：________________　　年　月　日

见证人（签名或者盖章）：________________　　年　月　日

检查人员：________________　　年　月　日

第　页　共　页

如实施行政强制措施，当场告知当事人采取行政强制措施的理由、依据以及依法享有的权利、救济途径情况：____

当事人的陈述和申辩：____

现场情况：____

当事人（签名或者盖章）：______________　　年　月　日

见证人（签名或者盖章）：______________　　年　月　日

检查人员：______________　　年　月　日

第　页共　页

（尾页）

检查人员：以上是本次现场检查的情况记录，请核对/已向你宣读。如果属实请确认。

当事人：

当事人（签名或者盖章）：　　　　　　年　　月　　日

见证人（签名或者盖章）：　　　　　　年　　月　　日

检查人员：　　　　　　年　　月　　日

第　页　共　页

《现场笔录》使用指南

《现场笔录》是市场监督管理部门的办案人员在对有违法嫌疑的物品或者场所进行检查，记录现场检查过程、收集现场证据时所使用的文书。

1. 文书适用范围

市场监督管理部门执法人员在根据《市场监督管理行政处罚程序暂行规定》第二十五条，对有违法嫌疑的物品或者场所进行检查，对检查过程以及其他现场情况进行记录时，使用本文书。

2. 文书使用注意事项

（1）当事人有主体资格证照的，按照当事人主体资格证照记载事项填写主体资格证照名称、统一社会信用代码（注册号）、住所（住址）、法定代表人（负责人、经营者）等信息。当事人是个体工商户且有字号的，以字号名称作为当事人名称，同时填写经营者姓名、身份证或者其他有效证件名称及号码。当事人主体资格证照未加载统一社会信用代码的，填写注册号或者其他编号。当事人是个人的，按照身份证或者其他有效证件记载事项填写姓名、住址、证件号码等信息。

（2）当事人本人、授权委托人、法定代表人、负责人、检查现场的员工或者现场负责人员，在“当事人”栏下签名。无法通知当事人，当事人不到场或者拒绝接受调查，当事人拒绝签名、盖章或者以其他方式确认的，办案人员应当在笔录上或者其他材料上注明情况，并采取录音、录像等方式记录，必要时可以邀请有关人员作为见证人。邀请见证人到场的，在“通知当事人到场情况”栏中填写见证人身份信息，并由见证人逐页签名。

（3）如果“现场情况”栏中最后一行文字后有空白，应当在最后一行文字后加上“以下空白”字样。

（4）当事人对笔录进行核对的，检查人员选择“请核对”，由当事人在笔录最后处写上“已核对，属实、无误。”，并签名、盖章或者以其他方式确认。当事人阅读有困难的，应当向其宣读笔录，检查人员选择“已向你宣读”，由当事人签名、盖章或者以其他方式确认宣读情况。

（5）笔录应当由当事人逐页签名、盖章或者以其他方式确认。检查人员也应当在笔录上逐页签名。笔录有涂改的，涂改部分要由当事人以签名、盖章或者其他方式确认。

（6）若实施行政强制措施，在笔录中要如实记录当场告知当事人采取行政强制措施的理由、依据，以及当事人依法享有的权利、救济途径等情况。当事人当场进行陈述、申辩的，要如实记载当事人陈述、申辩的情况；当事人在现场检查时不提出陈述、申辩的，应当记载当事人未提出陈述、申辩的情况。

＿＿＿＿＿＿市场监督管理局

协助调查函

＿＿市监＿＿字〔＿＿〕＿＿号

＿＿＿＿＿＿＿＿市场监督管理局：

我局在办理＿＿＿＿＿＿＿＿＿＿＿＿＿＿＿＿＿＿＿＿＿＿＿＿＿＿＿＿＿＿

一案中，因＿＿＿＿＿＿＿＿＿＿＿＿＿＿＿＿＿＿＿＿＿＿＿＿＿＿＿＿＿＿＿＿

＿＿＿＿＿＿＿＿＿＿＿＿＿＿＿＿＿＿＿＿＿＿＿＿＿＿＿＿＿＿＿＿＿＿＿＿，

按照《市场监督管理行政处罚程序暂行规定》第四十二条的规定，请你局协助调查以下事项：＿＿＿＿

＿＿＿＿＿＿＿＿＿＿＿＿＿＿＿＿＿＿＿＿＿＿＿＿＿＿＿＿＿＿＿＿＿＿＿＿

＿＿＿＿＿＿＿＿＿＿＿＿＿＿＿＿＿＿＿＿＿＿＿＿＿＿＿＿＿＿＿＿＿＿＿＿

＿＿＿＿＿＿＿＿＿＿＿＿＿＿＿＿＿＿＿＿＿＿＿＿＿＿＿＿＿＿＿＿＿＿＿＿

＿＿＿＿＿＿＿＿＿＿＿＿＿＿＿＿＿＿＿＿＿＿＿＿＿＿＿＿＿＿＿＿＿＿＿＿

＿＿＿＿＿＿＿＿＿＿＿＿＿＿＿＿＿＿＿＿＿＿＿＿＿＿＿＿＿＿＿＿＿＿＿＿

＿＿＿＿＿＿＿＿＿＿＿＿＿＿＿＿＿＿＿＿＿＿＿＿＿＿＿＿＿＿＿＿＿＿＿＿

＿＿＿＿＿＿＿＿＿＿＿＿＿＿＿＿＿＿＿＿＿＿＿＿＿＿＿＿＿＿＿＿＿＿＿＿

＿＿＿＿＿＿＿＿＿＿＿＿＿＿＿＿＿＿＿＿＿＿＿＿＿＿＿＿＿＿＿＿＿＿＿＿

＿＿＿＿＿＿＿＿＿＿＿＿＿＿＿＿＿＿＿＿＿＿＿＿＿＿＿＿＿＿＿＿＿＿＿＿

＿＿＿＿＿＿＿＿＿＿＿＿＿＿＿＿＿＿＿＿＿＿＿＿＿＿＿＿＿＿＿＿＿＿＿＿

＿＿＿＿＿＿＿＿＿＿＿＿＿＿＿＿＿＿＿＿＿＿＿＿＿＿＿＿＿＿＿＿＿＿＿＿

＿＿＿＿＿＿＿＿＿＿＿＿＿＿＿＿＿＿＿＿＿＿＿＿＿＿＿＿＿＿＿＿＿＿＿＿

＿＿＿＿＿＿＿＿＿＿＿＿＿＿＿＿＿＿＿＿＿＿＿＿＿＿＿＿＿＿＿＿＿＿＿＿

请你局在收到协助调查函之日起十五个工作日内将调查结果加盖公章，连同相关证据材料送我局。需要延期完成或者无法协助的，请在期限届满前告知我局。

联系人：＿＿＿＿＿＿＿＿联系电话：＿＿＿＿＿＿＿＿

＿＿＿＿＿＿市场监督管理局

（印章）

年　　月　　日

本文书一式＿＿份，＿＿份送达，一份归档，＿＿＿＿＿＿。

《协助调查函》使用指南

《协助调查函》是市场监督管理部门在查处违法行为的过程中，需要其他市场监督管理部门协助调查与案件有关的特定事项时所使用的文书。

1. 文书适用范围

市场监督管理部门根据《市场监督管理行政处罚程序暂行规定》第四十二条，在办理行政处罚案件时，确须其他市场监督管理部门协助调查取证的，使用本文书。

2. 文书使用注意事项

（1）须写明案件名称、请求协助调查的原因，有法律依据的应写明相关法律规定。

（2）使用本文书须填报《行政处罚案件有关事项审批表》，经市场监督管理部门负责人批准后制发。

（3）本文书须送达协助单位，并归档。

______市场监督管理局

协助扣押通知书

____市监____字〔____〕____号

__________：

我局在办理____

____

____

____

____

一案中，根据《实施行政强制措施决定书》（____市监____字〔____〕____号），需要对该决定书所列全部物品/部分物品［详见《场所/设施/财物清单》（文书编号：　　　）］进行扣押。按照《市场监督管理行政处罚程序暂行规定》第三十六条的规定，请你单位予以协助。

联系人：__________联系电话：__________

附件：1.《实施行政强制措施决定书》（____市监____字〔____〕____号）

2. 部分物品的《场所/设施/财物清单》（文书编号：________）

______市场监督管理局

（印章）

年　月　日

本文书一式____份，____份送达，一份归档，__________。

《协助扣押通知书》使用指南

《协助扣押通知书》是市场监督管理部门在查处违法行为的过程中，需要有关单位协助扣押当事人托运的物品时所使用的文书。

1. 文书适用范围

市场监督管理部门在根据《市场监督管理行政处罚程序暂行规定》第三十六条，通知有关单位协助扣押当事人托运的物品时，使用本文书。

2. 文书使用注意事项

（1）本文书应附《实施行政强制措施决定书》。如仅需有关单位协助对部分物品进行扣押的，须同时附列明部分物品的《场所/设施/财物清单》。

（2）使用本文书须填报《行政处罚案件有关事项审批表》，经市场监督管理部门负责人批准后制发。

（3）本文书须送达协助扣押单位及当事人，并归档。

______市场监督管理局

实施行政强制措施决定书

____市监____〔____〕____号

当事人：____

主体资格证照名称：____

统一社会信用代码（注册号）：____

住所（住址）：____

法定代表人（负责人、经营者）：____

身份证（其他有效证件）号码：____

联系电话：________________其他联系方式：________________________

经查，你（单位）涉嫌____，本局按照____

____的规定，决定对有关场所/设施/财物［详见《场所/设施/财物清单》（文书编号：__________）］实施________________________行政强制措施。

1. 实施行政强制措施的场所/设施/财物：____

____。

2. 实施行政强制措施的期限为________日。情况复杂，需要延长强制措施期限的，本局将书面告知。对物品需要进行检测、检验、检疫、鉴定的，查封、扣押的期间不包括检测、检验、检疫、鉴定的期间，检测、检验、检疫、鉴定的期间本局将书面告知。

3. 物品保存条件：____。

查封/扣押的场所/设施/财物应当妥善保管或维护，不得使用或者损毁。

如对本决定不服，可以在收到本决定之日起________内向________人民政府或者__________市场监督管理局申请行政复议，也可以在________内依法向________________法院提起行政诉讼。

联系人：__________联系电话：______________

附件：《场所/设施/财物清单》（文书编号：________）

__________市场监督管理局

（印章）

年　　月　　日

本文书一式____份，____份送达，一份归档，__________。

《实施行政强制措施决定书》使用指南

《实施行政强制措施决定书》是市场监督管理部门在查办案件的过程中，对当事人实施行政强制措施时所使用的文书。

1. 文书适用范围

市场监督管理部门在办理行政处罚案件，依法对涉案场所、设施、财物实施行政强制措施时，使用本文书。

2. 文书使用注意事项

（1）当事人有主体资格证照的，按照当事人主体资格证照记载事项填写主体资格证照名称、统一社会信用代码（注册号）、住所（住址）、法定代表人（负责人、经营者）等信息。当事人是个体工商户且有字号的，以字号名称作为当事人名称，同时填写经营者姓名、身份证或者其他有效证件名称及号码。当事人主体资格证照未加载统一社会信用代码的，填写注册号或者其他编号。当事人是个人的，按照身份证或者其他有效证件记载事项填写姓名、住址、证件号码等信息。

（2）实施行政强制措施应当有法律、法规的规定，在填写本文书时应写明所依据的具体条款。

（3）市场监督管理部门实施行政强制措施，应当按照《行政强制法》第十八条的规定制作现场笔录。

（4）行政强制措施期限应明确、具体。查封、扣押的期限不得超过三十日；情况复杂的，经市场监督管理部门负责人批准，可以延长，但是延长期限不得超过三十日。法律、行政法规另有规定的除外。

（5）对行政强制措施决定不服的，依法申请行政复议的期限为六十日，法律规定的申请期限超过六十日的从其规定；依法提起行政诉讼的期限为六个月，法律另有规定的从其规定。

（6）“物品保存条件”是指符合药品、医疗器械、食品等特殊物品保存要求的条件，包括常温、避光、通风、冷藏、防冻、防潮等，一般可通过物品外包装的保存说明加以确定。

（7）使用本文书须填报《行政处罚案件有关事项审批表》，经市场监督管理部门负责人批准后制发。根据《中华人民共和国反不正当竞争法》（以下简称《反不正当竞争法》）第十三条第二款、《禁止传销条例》第十四条第二款等，对批准程序有特别规定的从其规定。

（8）本文书须送达当事人，并归档。

______________市场监督管理局

延长行政强制措施期限决定书

____市监____字〔____〕____号

____________________：

本局于________年____月____日作出《实施行政强制措施决定书》（____市监____字〔____〕____号），对你（单位）有关场所/设施/财物［详见《场所/设施/财物清单》（文书编号：________）］采取__________行政强制措施。因情况复杂，按照《中华人民共和国行政强制法》第二十五条第一款、第二款的规定，经本局负责人批准，决定将该行政强制措施的期限延长至________年____月____日。

你（单位）可以对本延长行政强制措施期限决定进行陈述和申辩。如对本延长行政强制措施期限的决定不服，可以在收到本决定之日起____内向________人民政府或者____________市场监督管理局申请行政复议，也可以在____内依法向____________法院提起行政诉讼。

联系人：____________________联系电话：____________________

附件：《场所/设施/财物清单》（文书编号：________）

____________市场监督管理局

（印章）

年　　月　　日

本文书一式____份，____份送达，一份归档，____________。

《延长行政强制措施期限决定书》使用指南

《延长行政强制措施期限决定书》是市场监督管理部门在查办案件的过程中，因情况复杂需要延长实施行政强制措施的期限时所使用的文书。

1. 文书适用范围

市场监督管理部门在办理行政处罚案件的过程中，对已实施行政强制措施的场所、设施、财物，依法延长实施行政强制措施的期限时，使用本文书。

2. 文书使用注意事项

（1）当事人是个体工商户且有字号的，以字号名称作为当事人名称；没有字号的，填写经营者的姓名。

（2）按照《行政强制法》第二十五条第一款的规定，延长行政强制措施的期限不得超过三十日。《禁止传销条例》等法律、行政法规对延长期限另有规定的，从其规定。

（3）对延长行政强制措施决定不服的：依法申请行政复议的期限为六十日，法律规定的申请期限超过六十日的从其规定；依法提起行政诉讼的期限为六个月，法律另有规定的从其规定。

（4）使用本文书须填报《行政处罚案件有关事项审批表》，经市场监督管理部门负责人批准后制发。根据《反不正当竞争法》第十三条第二款、《禁止传销条例》第十八条第一款等，对批准程序有特别规定的从其规定。

（5）本文书须送达当事人，并归档。

______市场监督管理局
解除行政强制措施决定书

____市监____字〔____〕____号

__________：

本局于________年____月____日作出《实施行政强制措施决定书》（____市监____字〔____〕____号），对你（单位）有关场所/设施/财物采取________行政强制措施［并于________年____月____日作出《延长行政强制措施期限决定书》（____市监____字〔____〕____号），将行政强制措施期限延长至________年____月____日］。按照____________________的规定，本局决定自________年____月____日起对全部物品/部分物品［详见《场所/设施/财物清单》（文书编号：　　）］予以解除行政强制措施。

联系人：__________ 联系电话：__________

附件：《场所/设施/财物清单》（文书编号：________）

______市场监督管理局

（印章）

年　　月　　日

本文书一式____份，____份送达，一份归档，__________。

《解除行政强制措施决定书》使用指南

《解除行政强制措施决定书》是市场监督管理部门在决定解除行政强制措施时所使用的文书。

1. 文书适用范围

市场监督管理部门在对已实施行政强制措施的场所、设施、财物，依法解除行政强制措施时，使用本文书。

2. 文书使用注意事项

（1）当事人是个体工商户且有字号的，以字号名称作为当事人名称；没有字号的，填写经营者的姓名。

（2）行政强制措施期限经延长的，应当载明延长行政强制措施决定的相应内容。

（3）部分解除行政强制措施的，应当另行制作《场所/设施/财物清单》，写明解除财物的名称、规格、型号及数量等，并由办案人员和当事人在《场所/设施/财物清单》上签名或者盖章。

（4）使用本文书须填报《行政处罚案件有关事项审批表》，经市场监督管理部门负责人批准后制发。

（5）本文书须送达当事人，并归档。

______市场监督管理局

场所/设施/财物清单

文书编号：______

序号	标称名称/场所	规格（型号）/场所地址	单位	数量	备注

当事人（签名或者盖章）：______ 年 月 日

办案人员（签名或者盖章）：______ 年 月 日

办案人员（签名或者盖章）：______ 年 月 日

见证人（签名或者盖章）：______ 年 月 日

第 页 共 页

本文书一式____份，____份送达，一份归档，______。

《场所/设施/财物清单》使用指南

《场所/设施/财物清单》是市场监督管理部门在办案的过程中，对涉案场所、设施、财物进行详细登记造册时使用的书面凭证。

1. 文书适用范围

市场监督管理部门在依法采取或者解除先行登记保存措施，实施或者解除行政强制措施，委托检测、检验、检疫、鉴定，进行抽样取证等需要记载场所、设施、财物时，使用本文书。

2. 文书使用注意事项

（1）使用本文书时，由办案人员按照登记造册的场所、设施、财物在标题上选择相应类别。

（2）本文书应当有文书编号。文书编号由各单位根据实际情况，自行编排。

（3）设施、财物的生产厂家、生产日期、单价、批号、包装情况、物品状态等事项，以及场所的相关事项，需要详细记载的可在“备注”栏中予以注明。

（4）表格中有空白行的，须在最后一行内容下方加“以下空白”字样。

（5）当事人核对无误后，可由其在清单末尾写明“上述内容经核对无误。”，清单应当由当事人逐页签名、盖章或者以其他方式确认。办案人员也应当在清单上逐页签名。

（6）本文书须送达当事人，并归档。

______市场监督管理局抽样取证通知书

______市监罚抽证通字〔____〕____号

______：

你（单位）因______________________________

______行为，违反了（法律依据名称及条、款、项具体内容）的规定。按照《中华人民共和国行政处罚法》第五十六条的规定，本机关决定对你（单位）的下列物品（见《抽样取证物品清单》）进行抽样取证。

附件：《抽样取证物品清单》

名称	数量	品级	规格	型号	形态	备注

被抽样取证人：______　　年　月　日

行政执法人员：______执法证号：______　　年　月　日

行政执法人员：______执法证号：______　　年　月　日

______市场监督管理局

（印章）

年　月　日

注：本文书一式两份。一份送达被抽样取证人，一份行政机关存档。

____________市场监督管理局

抽样记录

<table>
<tr><td>当事人</td><td colspan="4"></td></tr>
<tr><td>主体资格证照名称</td><td colspan="2"></td><td>统一社会信用代码（注册号）</td><td></td></tr>
<tr><td>住所（住址）</td><td colspan="4"></td></tr>
<tr><td>法定代表人（负责人、经营者）</td><td colspan="2"></td><td>身份证（其他有效证件）号码</td><td></td></tr>
<tr><td>联系电话</td><td colspan="2"></td><td>其他联系方式</td><td></td></tr>
<tr><td rowspan="11">被抽样产品及抽样情况</td><td>产品名称</td><td></td><td>型号规格</td><td></td></tr>
<tr><td>标称商标</td><td></td><td>保质期</td><td></td></tr>
<tr><td>标称生产者</td><td></td><td>标称价格</td><td></td></tr>
<tr><td>生产日期（出厂批号）</td><td></td><td>产品执行标准编号</td><td></td></tr>
<tr><td>标称储存条件</td><td></td><td>生产许可证编号</td><td></td></tr>
<tr><td>标称产品等级</td><td></td><td>包装方式</td><td></td></tr>
<tr><td>抽样方式</td><td colspan="3">□按规定方式抽样（抽样依据的标准编号）：____________
□以其他方式抽样（可使用附页）：____________</td></tr>
<tr><td>抽取样品数量</td><td></td><td>被抽样品基数</td><td></td></tr>
<tr><td>抽样地点</td><td colspan="3"></td></tr>
<tr><td colspan="4">抽取样品过程：____________________
____
____
样品封样情况：____________________
____
____
样品储存条件：____________________</td></tr>
</table>

<table>
<tr><td>行政执法人员：________执法证号：________
行政执法人员：________执法证号：________
年　月　日</td><td>当事人（签名或盖章）：
年　月　日</td></tr>
<tr><td>受委托抽样人员（签名或盖章）：
年　月　日</td><td>见证人（签名或盖章）：
年　月　日</td></tr>
<tr><td>备注</td><td></td></tr>
</table>

《抽样记录》使用指南

《抽样记录》是市场监督管理部门在查办案件的过程中采取抽样取证措施收集证据，对抽样取证过程、样品、封样等情况进行记录时所使用的文书。

1. 文书适用范围

根据《市场监督管理行政处罚程序暂行规定》第二十八条，市场监督管理部门在查办案件的过程中，对有关证据采取抽样取证措施时，使用本文书。

2. 文书使用注意事项

（1）当事人有主体资格证照的，按照当事人主体资格证照记载事项填写主体资格证照名称、统一社会信用代码（注册号）、住所（住址）、法定代表人（负责人、经营者）等信息。当事人是个体工商户且有字号的，以字号名称作为当事人名称，同时填写经营者姓名、身份证或者其他有效证件名称及号码。当事人主体资格证照未加载统一社会信用代码的，填写注册号或者其他编号。当事人是个人的，按照身份证或者其他有效证件记载事项填写姓名、住址、证件号码等信息。

（2）“被抽样产品及抽样情况”栏中填写应当完整、准确。被抽样产品的型号规格、生产日期、出厂批号、产品执行标准编号、保质期等应按照被抽样产品外包装、说明书上记载的内容填写，如果没有或者无法确定其中某项内容的，应当注明。“抽取样品数量”包括检验样品数量以及备用样品数量。“被抽样品基数”是被抽样产品的总量。

（3）对抽样取证的方式、标准等有特别规定的，应当按照特别规定执行。

（4）“样品封样情况”栏中应写明被抽样产品加封情况、备用样品封存地点。

（5）当事人本人、授权委托人、法定代表人、主要负责人、检查现场的员工或者现场负责人员，应在“当事人”栏下签名。无法通知当事人，当事人不到场或者拒绝接受调查，当事人拒绝签名、盖章或者以其他方式确认的，应当采取录音、录像等方式记录，必要时可邀请有关人员作为见证人。邀请见证人到场的，由见证人签名、盖章或者以其他方式确认。办案人员应在“备注”栏中注明情况。

（6）如果抽样人为办案人员，由办案人员填写本文书；如果市场监督管理部门委托相关机构进行抽样，则由该机构指派进行抽样的人员填写本文书。使用该机构的抽样记录文书的，办案人员应当在其抽样记录文书上签名或者盖章，并注明日期。

________市场监督管理局

抽样取证物品处理通知书

______市监罚抽证处通字〔____〕____号

____________________：

本机关于________年____月____日向你（单位）作出《（市场监督管理部门名称）抽样取证通知书》（____市监罚抽证通字〔____〕____号），对________等物品进行了抽样取证。现根据调查（检验/检测/检疫/鉴定）结果，按照（法律依据名称及条、款、项具体内容）的规定，对被抽样取证的物品（见《抽样取证物品处理清单》）作出以下处理：____________。

附件：《抽样取证物品处理清单》

名称	数量	品级	规格	型号	形态	处理意见

被抽样取证人：____________________　　　　年　　月　　日

行政执法人员：____________________执法证号：____________________　　　　年　　月　　日

行政执法人员：____________________执法证号：____________________　　　　年　　月　　日

____________市场监督管理局

（印章）

年　　月　　日

注：本文书一式两份。一份送达被抽样取证人，一份行政机关存档。

________市场监督管理局

检测/检验/检疫/鉴定委托书

___市监___字〔___〕___号

__________：

本局现委托你单位对下列物品进行检测/检验/检疫/鉴定：

样品名称	规格/型号	等级	生产日期/批号	适用标准/规则	样品数量	检验项目	备注

委托检测/检验/检疫/鉴定事项：__________________

请你单位于______年___月___日前提交由检测/检验/检疫/鉴定人员及你单位签名盖章的报告一式___份，并在出具的报告中载明以下内容：本局向你单位提供的相关材料，检测/检验/检疫/鉴定的内容、依据、使用的科学技术手段、过程及明确结论，以及你单位和检测/检验/检疫/鉴定人员资格的说明。

________市场监督管理局

（印章）

年　　月　　日

本文书一式___份，___份送达，一份归档，________。

《检测/检验/检疫/鉴定委托书》使用指南

《检测/检验/检疫/鉴定委托书》是市场监督管理部门在委托具有法定资质或者其他具备条件的机构对案件中的专门事项进行检测、检验、检疫、鉴定时所使用的文书。

1. 文书适用范围

根据《市场监督管理行政处罚程序暂行规定》第二十九条，市场监督管理部门在查办案件的过程中，委托有关机构对专门事项进行检测、检验、检疫、鉴定时，使用本文书。

2. 文书使用注意事项

（1）市场监督管理部门在具体使用本文书的过程中，应在标题及正文中对“检测/检验/检疫/鉴定”进行选择。

（2）正文物品清单中写不下的，可另附页。

（3）本文书可直接附《抽样记录》及《场所/设施/财物清单》。必要时，可以制作一份物品状况文字笔录，对物品的外观状态、包装情况、材料情况及解封过程等事项进行详细记录，并由委托方和受委托方双方签字。

（4）本文书样品信息中“适用标准/规则”“检验项目”等内容无法确定的可不填写。

（5）本文书须送达检测、检验、检疫、鉴定机构，并归档。

________市场监督管理局

检测/检验/检疫/鉴定期间告知书

____市监____字〔____〕____号

____________：

本局于________年____月____日作出《实施行政强制措施决定书》（____市监____字〔____〕____号），查封/扣押你（单位）的有关场所/设施/财物。本局现决定依法委托相关机构对有关物品进行检测/检验/检疫/鉴定。检测/检验/检疫/鉴定期间自________年____月____日至________年____月____日。

按照《中华人民共和国行政强制法》第二十五条第三款的规定，查封/扣押的期间不包括检测、检验、检疫、鉴定的期间。

联系人：____________联系电话：____________

________市场监督管理局

（印章）

年　月　日

本文书一式____份，____份送达，一份归档，________。

检测/检验/检疫/鉴定期间告知书使用指南

《检测/检验/检疫/鉴定期间告知书》是市场监督管理部门在实施查封、扣押等行政强制措施时，需要对有关物品进行检测、检验、检疫、鉴定，由办案人员将检测、检验、检疫、鉴定期间告知当事人时所使用的文书。

1. 文书适用范围

市场监督管理部门在将被实施行政强制措施的物品委托给有关机构进行检测、检验、检疫、鉴定，须将检测、检验、检疫、鉴定期间告知当事人时，使用本文书。

2. 文书使用注意事项

（1）市场监督管理部门在具体使用本文书的过程中，应在标题及正文中对“检测/检验/检疫/鉴定”进行选择。

（2）检测、检验、检疫、鉴定期间的起算时间一般为委托书的送达时间。

（3）本文书须送达当事人，并归档。

______________市场监督管理局

检测/检验/检疫/鉴定结果告知书

____市监____字〔____〕____号

____________________：

本局依法委托______________________________对你（单位）的下列物品进行检测/检验/检疫/鉴定。

1. ____

2. ____

3. ____

检测/检验/检疫/鉴定结果为____

____

［你（单位）如对该检测/检验/检疫/鉴定结果有异议，可自接到本告知书之日起____日内，向________

____________________提出。］

附件：《检测/检验/检疫/鉴定报告书》____份

报告书编号：______________

联系人：______________联系电话：______________

____________市场监督管理局

（印章）

年　月　日

本文书一式____份，____份送达，一份归档，__________。

《检测/检验/检疫/鉴定结果告知书》使用指南

《检测/检验/检疫/鉴定结果告知书》是市场监督管理部门在将检测、检验、检疫、鉴定结果告知当事人时所使用的文书。

1. 文书适用范围

根据《市场监督管理行政处罚程序暂行规定》第二十九条，市场监督管理部门在将被实施行政强制措施的物品委托给有关机构进行检测、检验、检疫、鉴定，须将检测、检验、检疫、鉴定结果告知当事人时，使用本文书。

2. 文书使用注意事项

（1）市场监督管理部门在具体使用本文书的过程中，应在标题及正文中对“检测/检验/检疫/鉴定”进行选择。

（2）按照有关法律、法规或者规章的规定，当事人享有复检、复验的权利，且客观上具备复检、复验条件的，市场监督管理部门应当依法告知当事人享有复检、复验权利。告知复检、复验权利，还须同时告知复检、复验申请的期限和受理单位。

（3）本文书须送达当事人，并归档。

______市场监督管理局

责令改正通知书

___市监___字〔___〕___号

______：

经查，你（单位）______的行为，违反了______的规定。

按照______的规定，现责令你（单位）立即予以改正/在　　年　　月　　日前改正。（逾期不改的，本局将按照______的规定，______。）

改正内容及要求：______。

如对本责令改正决定不服，可以自收到本通知书之日起六十日内向______人民政府或者______市场监督管理局申请行政复议，也可以在六个月内依法向______提起行政诉讼。

联系人：______联系电话：______

______市场监督管理局

（印章）

年　　月　　日

本文书一式___份，___份送达，一份归档，______。

《责令改正通知书》使用指南

《责令改正通知书》是市场监督管理部门在依法责令当事人改正违法行为时所使用的文书。

1. 文书适用范围

市场监督管理部门在按照法律、法规或者规章的规定，责令当事人改正违法行为时，使用本文书。

2. 文书使用注意事项

（1）作出责令改正的决定应当以法律、法规或者规章为依据，填写本文书时应写明所依据的具体条款。

（2）法律、法规或者规章对逾期不改、拒不改正的后果有规定的，应填写相应规定。

（3）按照《行政处罚法》第二十八条的规定，市场监督管理部门实施行政处罚时，应当责令当事人改正或者限期改正违法行为。此种情形的责令改正决定在《行政处罚决定书》或者《不予行政处罚决定书》中一并表述，不必再单独制作本文书。

（4）对责令改正决定不服的，依法申请行政复议的期限为六十日，但法律规定的申请期限超过六十日的从其规定；依法提起行政诉讼的期限为六个月，但法律另有规定的从其规定。

（5）除情节轻微、当场作出责令改正决定的情形外，使用本文书应填写《行政处罚案件有关事项审批表》，经市场监督管理部门负责人批准后制发。

（6）本文书须送达当事人，并归档。

______________市场监督管理局

责令退款通知书

___市监___字〔___〕___号

____________________：

经查，你（单位）________________________________，违反了________________________________
________________________________的规定，存在致使消费者或者其他经营者多付价款的情形。按照《中华人民共和国价格法》第四十一条、《价格违法行为行政处罚规定》第十六条、《市场监督管理行政处罚程序暂行规定》第五十三条的规定，现责令你（单位）自收到本通知书之日起________日内，将消费者或者其他经营者多付的价款____________________元退还给消费者或者其他经营者。消费者或者其他经营者难以查找的，应当公告查找。拒不退还或者逾期未退还的部分，本局将依法予以没收。消费者或者其他经营者要求退还时，由你（单位）依法承担民事责任。

____________市场监督管理局

（印章）

年　　月　　日

本文书一式____份，____份送达，一份归档，____________。

《责令退款通知书》使用指南

《责令退款通知书》是市场监督管理部门在依法责令当事人退还多收价款时所使用的文书。

1. 文书适用范围

市场监督管理部门在根据《价格违法行为行政处罚规定》第十六条、《市场监督管理行政处罚程序暂行规定》第五十三条，当事人违法所得属于《中华人民共和国价格法》第四十一条规定的消费者或者其他经营者的多付价款，责令当事人限期退还时，使用本文书。

2. 文书使用注意事项

（1）本文书上应写明当事人的具体违法行为，违反的法律、法规，多付的价款金额。

（2）使用本文书须填报《行政处罚案件有关事项审批表》，经市场监督管理部门负责人批准后制发。

（3）本文书须送达当事人，并归档。

________市场监督管理局

先行登记保存证据通知书

___市监___字〔___〕___号

当事人：____________________

主体资格证照名称：____________________

统一社会信用代码（注册号）：____________________

住所（住址）：____________________

法定代表人（负责人、经营者）：____________________

身份证（其他有效证件）号码：____________________

联系电话：____________其他联系方式：____________

为调查你（单位）涉嫌____________________，按照《中华人民共和国行政处罚法》第三十条的规定，本局决定对你（单位）有关证据［详见《场所/设施/财物清单》（文书编号：______）］采取先行登记保存措施。先行登记保存的证据，存放在__________。在此期间，你（单位）或者有关人员不得损毁、销毁或者转移证据。

本局将在七日内对先行登记保存的证据依法作出处理决定。逾期未作出处理决定的，先行登记保存措施自动解除。

联系人：__________联系电话：__________

附件：《场所/设施/财物清单》（文书编号：______）

________市场监督管理局

（印章）

年　月　日

本文书一式___份，___份送达，一份归档，________。

《先行登记保存证据通知书》使用指南

《先行登记保存证据通知书》是市场监督管理部门在查办案件的过程中采取先行登记保存证据措施时所使用的文书。

1. 文书适用范围

市场监督管理部门根据《市场监督管理行政处罚程序暂行规定》第三十条，在证据可能灭失或者以后难以取得的情况下，对与涉嫌违法行为有关的证据采取先行登记保存措施时使用本文书。

2. 文书使用注意事项

（1）当事人有主体资格证照的，按照当事人主体资格证照记载事项填写主体资格证照名称、统一社会信用代码（注册号）、住所（住址）、法定代表人（负责人、经营者）等信息。当事人是个体工商户且有字号的，以字号名称作为当事人名称，同时填写经营者姓名、身份证或者其他有效证件名称及号码。当事人主体资格证照未加载统一社会信用代码的，填写注册号或者其他编号。当事人是个人的，按照身份证或者其他有效证件记载事项填写姓名、住址、证件号码等信息。

（2）先行登记保存的证据一般应当就地保存，由当事人妥善保管。对于被登记保存物品的状况应在所附的《场所/设施/财物清单》中作详细记录，保存地点的登记要明确、清楚。

（3）使用本文书须填报《行政处罚案件有关事项审批表》，经市场监督管理部门负责人批准后制发。

（4）本文书须送达当事人，并归档。

________市场监督管理局

解除先行登记保存证据通知书

___市监___字〔___〕___号

__________：

本局于____年___月___日作出《先行登记保存证据通知书》（___市监___字〔___〕___号），对你（单位）有关证据采取先行登记保存措施。现决定自____年___月___日起对全部证据/部分证据［详见《场所/设施/财物清单》（文书编号：　　　　）］予以解除先行登记保存措施。

联系人：__________联系电话：__________

附件：部分证据的《场所/设施/财物清单》（文书编号：____）

________市场监督管理局

（印章）

年　　月　　日

本文书一式___份，___份送达，一份归档，______。

《解除先行登记保存证据通知书》使用指南

《解除先行登记保存证据通知书》是市场监督管理部门在查办案件的过程中，对于先行登记保存的证据，决定解除先行登记保存措施时所使用的文书。

1. 文书适用范围

市场监督管理部门根据《市场监督管理行政处罚程序暂行规定》第三十条第二款、第三十二条第一款第五项，在对于先行登记保存的证据，决定解除先行登记保存措施时，使用本文书。

2. 文书使用注意事项

（1）当事人是个体工商户且有字号的，以字号名称作为当事人名称；没有字号的，填写经营者的姓名。

（2）对部分证据解除先行登记保存措施的，应当另行制作《场所/设施/财物清单》，写明解除财物的名称、规格、型号及数量等，并由办案人员和当事人在《场所/设施/财物清单》上签名或者盖章。

（3）使用本文书须填报《行政处罚案件有关事项审批表》，经市场监督管理部门负责人批准后制发。

（4）本文书须送达当事人，并归档。

________市场监督管理局

限期提供材料通知书

____市监 限 字〔____〕____号

__________：

按照《市场监督管理行政处罚程序暂行规定》第二十七条第____款的规定，请你（单位）在收到本通知书后____日内向本局提供以下材料，并在材料上签名或者盖章。逾期不提供或者拒绝提供相关材料的，将依法承担法律责任。

1. ______________________________

____

____

2. ______________________________

____

____

3. ______________________________

____

____

4. ______________________________

____

____

联系人：__________联系电话：__________

________市场监督管理局

（印章）

年 月 日

本文书一式____份，____份送达，一份归档，________。

《限期提供材料通知书》使用指南

《限期提供材料通知书》是市场监督管理部门为了查明案情，要求当事人或其他有关单位和个人在一定期限内提供证明材料或者与涉嫌违法行为有关的其他材料时所使用的文书。

1. 文书适用范围

市场监督管理部门在根据《市场监督管理行政处罚程序暂行规定》第二十七条第一款，要求当事人及其他有关单位和个人在一定期限内提供证明材料或者与涉嫌违法行为有关的其他材料，或者根据第二十七条第二款，要求权利人对涉案产品是否为权利人生产或者其许可生产的产品进行辨认、对有关事项进行鉴别时，使用本文书。

2. 文书使用注意事项

（1）需要询问当事人并要求其同时提供有关材料的，可直接使用《询问通知书》，一般无须同时制发本文书。

（2）本文书须送达当事人或者其他有关单位和个人，并归档。

九、调查终结

（一）撰写案件调查终结报告

市场监督管理部门的办案机构，应当根据以上调查取证情况撰写案件调查终结报告，连同案件材料交由审核机构审核。

案件调查终结报告包括以下内容。

（1）当事人的基本情况。

（2）案件来源、调查经过及采取行政强制措施的情况。

（3）调查认定的事实及主要证据。

（4）违法行为的性质。

（5）处理意见及依据。

（6）自由裁量的理由等其他需要说明的事项。

（二）得出行政处罚结论

（1）行政处罚建议被批准后，市场监督管理部门应当制作《行政处罚告知书》，书面告知当事人拟作出行政处罚决定的事实、理由及依据，并告知当事人依法享有陈述权、申辩权。拟作出的行政处罚属于听证范围的，还应当告知当事人有要求听证的权利。

（2）当事人自告知书送达之日起三个工作日内，未行使陈述权、申辩权，未要求听证的，视为放弃此权利。

（三）中止案件的相关处理

在查处商标侵权案件的过程中，对商标权属存在争议或者权利人同时向人民法院提起商标侵权诉讼的，市场监督管理部门可以中止案件的查处。中止原因消除后，应当恢复或者终结案件查处程序。

（四）文书范本

______市场监督管理局

案件调查终结报告

因当事人涉嫌________________________，我局于________年____月____日予以立案调查，指定________、________为办案人员。现已调查终结，报告如下。

当事人基本情况：____

案件来源、调查经过及采取行政强制措施的情况：____

调查认定的事实：____

上述事实，主要有以下证据证明：

1. ____________________，证明________________________；

2. ____________________，证明________________________；

3. ____________________，证明________________________。

案件性质：____

自由裁量理由等其他需要说明的事项：____

处理意见及依据：____

办案人员（签名）：____________　　年　月　日

办案机构负责人（签名）：____________　　年　月　日

《案件调查终结报告》使用指南

《案件调查终结报告》是对已经立案的案件，市场监督管理部门的办案机构在认为调查终结，将案件全部情况进行总结、提出处理意见时所使用的文书。

1. 文书适用范围

市场监督管理部门的办案机构在案件调查终结后，根据《市场监督管理行政处罚程序暂行规定》第四十五条撰写案件调查终结报告时使用本文书。

2. 文书使用注意事项

(1)《市场监督管理行政处罚程序暂行规定》第四十四条规定的终止调查情形，不适用本文书。

(2)“当事人基本情况”包括当事人的姓名或者名称、地址等。当事人有主体资格证照的，按照当事人主体资格证照记载事项写明主体资格证照名称、统一社会信用代码（注册号）、住所（住址）、法定代表人（负责人、经营者）等信息。当事人是个体工商户且有字号的，以字号名称作为当事人名称，同时写明经营者姓名、身份证或者其他有效证件名称及号码。当事人主体资格证照未加载统一社会信用代码的，写明注册号或者其他编号。当事人是个人的，按照身份证或者其他有效证件记载事项写明姓名、住址、证件号码等信息。

(3)“案件来源、调查经过及采取行政强制措施的情况”栏中可填写案件线索来源，核查及立案的时间，以及采取的先行登记保存、行政强制、现场检查、抽样取证措施等案件调查情况。

(4)“调查认定的事实”是指当事人实施违法行为的具体事实，包括其从事违法行为的时间、地点、目的、手段、情节、违法所得及危害结果等。记录要客观真实，所描述的事实必须得到相关证据的支持，内容全面、重点突出。此外，还应当说明影响行政处罚裁量的事实和理由，从违法案件的具体事实、性质、情节、社会危害程度、主观过错以及公平公正要求等方面，结合自由裁量规则进行表述。

(5)“上述事实，主要有以下证据证明”栏中要将认定案件事实所依据的证据列举清楚，所列举的证据要符合证据的基本要素，并能根据证据规则认定案件事实。必要时可以将证据与所证明的事实对应列明。

(6)“处理意见”包括建议给予行政处罚、不予行政处罚、违法事实不成立予以结案、移送其他行政管理部门处理、移送司法机关等。

______市场监督管理局

案件审核表

<table>
<tr><td>案件名称</td><td colspan="3"></td></tr>
<tr><td>办案机构</td><td colspan="3"></td></tr>
<tr><td>送审时间</td><td>年　月　日</td><td>退卷时间</td><td>年　月　日</td></tr>
<tr><td>审核意见和建议</td><td colspan="3">

审核人：
年　月　日</td></tr>
<tr><td>审核机构负责人意见</td><td colspan="3">

审核机构负责人：
年　月　日</td></tr>
<tr><td>备注</td><td colspan="3"></td></tr>
</table>

《案件审核表》使用指南

《案件审核表》是市场监督管理部门的审核机构在对办案机构报送的《案件调查终结报告》及案件相关材料进行审核时所使用的文书。

1. 文书适用范围

市场监督管理部门的审核机构根据《市场监督管理行政处罚程序暂行规定》第四十七条、第四十八条、第四十九条，在对办案机构送审的案件进行审核，提出审核意见时，使用本文书。

2. 文书使用注意事项

（1）填写“案件名称”栏采用“当事人姓名（名称）+涉嫌+违法行为性质+案”的方式表述。

（2）审核机构对办案机构送审的材料进行审核后，根据《市场监督管理行政处罚程序暂行规定》第四十八条，在“审核意见和建议”栏中提出审核意见和建议。

（3）案件有立案号的，在“案件名称”栏中一并填写。

第二节　听证

一、应当听证的情况

（1）市场监督管理部门在作出行政处罚决定之前，应当告知当事人有要求听证的权利。有下列情况之一的，在作出行政处罚决定之前应当举行听证。

1）较大数额罚款。

2）没收较大数额违法所得、没收较大价值非法财物。

3）降低资质等级、吊销许可证件。

4）责令停产停业、责令关闭、限制从业。

5）其他较重的行政处罚。

6）法律、法规或者规章规定的其他情形。

（2）向当事人告知听证权利时，应当书面告知当事人拟作出行政处罚的事实、理由和依据。

（3）除涉及国家秘密、商业秘密或者个人隐私依法予以保密外，听证公开举行。

二、举行听证的程序

（一）听证准备

（1）市场监督管理部门应当自收到当事人要求举行听证的申请之日起三个工作日内，确定听证主持人。

（2）办案人员应当自确定听证主持人之日起三个工作日内，将案件材料移交听证主持人，由听证主持人审阅案件材料，准备听证提纲。

（3）听证主持人应当自接到办案人员移交的案件材料之日起五个工作日内确定听证的时间、地点，并应当于举行听证七日前将听证通知书送达当事人。

（4）听证通知书中应当载明听证时间、听证地点及听证主持人、听证员、记录员、翻译人员的姓名，并告知当事人有申请回避的权利。

（5）第三人参加听证的，听证主持人应当在举行听证前将听证的时间、地点通知第三人。

（6）听证主持人应当于举行听证七日前将听证的时间、地点通知办案人员，并退回案件材料。

（7）公开举行听证的，市场监督管理部门应当于举行听证三日前公告当事人的姓名或者名称、案由以及举行听证的时间、地点。

（二）听证流程

（1）听证开始前，记录员应当查明听证参加人是否到场，并向到场人员宣布以下听证纪律。

1）服从听证主持人的指挥，未经听证主持人允许不得发言、提问。

2）未经听证主持人允许不得录音、录像和摄影。

3）听证参加人未经听证主持人允许不得退场。

4）不得大声喧哗，不得鼓掌、哄闹或者进行其他妨碍听证秩序的活动。

（2）听证主持人核对听证参加人，说明案由，宣布听证主持人、听证员、记录员、翻译人员名单，告知听证参加人在听证中的权利义务，询问当事人是否提出回避申请。

（3）听证按下列程序进行。

1）办案人员提出当事人违法的事实、证据、行政处罚建议及依据。

2）当事人及其委托代理人进行陈述和申辩。

3）第三人及其委托代理人进行陈述。

4）质证和辩论。

5）听证主持人按照第三人、办案人员、当事人的先后顺序征询各方最后意见。

当事人可以当场提出证明自己主张的证据，听证主持人应当接收。

（三）中止听证

有下列情形之一的，可以中止听证。

（1）当事人因不可抗力无法参加听证的。

（2）当事人死亡或者终止，需要确定相关权利义务承受人的。

（3）当事人临时提出回避申请，无法当场作出决定的。

（4）需要通知新的证人到场或者需要重新鉴定的。

（5）其他需要中止听证的情形。

中止听证的情形消失后，听证主持人应当恢复听证。

（四）终止听证

有下列情形之一的，可以终止听证。

（1）当事人撤回听证申请或者明确放弃听证权利的。

（2）当事人无正当理由拒不到场参加听证的。

（3）当事人未经听证主持人允许中途退场的。

（4）当事人死亡或者终止，并且无权利义务承受人的。

（5）其他需要终止听证的情形。

三、听证笔录

（1）记录员应当如实记录，制作《听证笔录》。《听证笔录》应当载明听证时间、地点、案由，听证人员、听证参加人姓名，各方意见及其他需要载明的事项。

（2）听证会结束后，《听证笔录》经听证参加人核对无误后，由听证参加人当场签名或者盖章。当事人、第三人拒绝签名或者盖章的，应当在《听证笔录》中记明情况。

四、听证报告

（1）听证结束后，听证主持人应当在五个工作日内撰写《听证报告》，由听证主持人、听证员签名，连同听证笔录送办案机构，办案机构连同其他案件材料一并上报市场监督管理部门负责人。

（2）《听证报告》应当包括以下内容。

1）听证案由。

2）听证人员、听证参加人。

3）听证的时间、地点。

4）听证的基本情况。

5）处理意见和建议。

6）需要报告的其他事项。

五、文书范本

行政处罚听证申请书

申请人姓名：________身份证号码：________住址：________

所在单位：________电话：________邮编：________

申请单位名称：________法定代表人姓名：________

住址：________电话：________邮编：________

与本案关系：________

委托代理人姓名：________身份证号码：________

住址：________电话：________

申请听证目的（主要要求）：________

申请听证的事实和理由：________

听证申请人（签名或盖章）：

委托代理人（签名或盖章）：

年　月　日

注：行政处罚听证申请人是单位的，应当盖单位公章；是个人的，应当签名，以下文书与此要求相同。

____________市场监督管理局

行政处罚/行政处罚听证告知书

____市监____字〔____〕____号

________________：

由本局立案调查的你（单位）涉嫌________________一案，已调查终结。按照《中华人民共和国行政处罚法》第四十四条的规定，现将本局拟作出行政处罚的事实、理由、依据及处罚内容告知如下：________

____

____

按照《中华人民共和国行政处罚法》第四十四条、第四十五条/《中华人民共和国行政处罚法》第四十四条、第四十五条、第六十三条，以及《市场监督管理行政处罚听证暂行办法》第五条的规定，你（单位）有权进行陈述、申辩/有权进行陈述、申辩，并可要求听证。

你（单位）自收到本告知书之日起三个工作日内，未行使陈述权、申辩权/未行使陈述权、申辩权，且未要求听证，视为放弃此权利。

联系人：________________联系电话：________________

____________市场监督管理局

（印章）

年　　月　　日

本文书一式____份，____份送达，一份归档，__________。

《行政处罚/行政处罚听证告知书》使用指南

《行政处罚/行政处罚听证告知书》是市场监督管理部门在作出行政处罚决定之前，依法告知当事人拟作出行政处罚决定的事实、理由、依据及处罚内容和告知当事人所享有的陈述权、申辩权或者听证权时所使用的文书。

1. 文书适用范围

市场监督管理部门在对当事人作出行政处罚决定之前，依法将拟作出行政处罚决定的事实、理由、依据、处罚内容，以及当事人依法享有的陈述权、申辩权或者听证权告知当事人时，使用本文书。

2. 文书使用注意事项

（1）市场监督管理部门在具体使用本文书的过程中，应在标题中选择是“行政处罚”，还是“行政处罚听证”。

（2）当事人对拟作出的行政处罚决定享有听证权的，应当制作《行政处罚听证告知书》，告知当事人享有陈述、申辩的权利及要求听证的权利。其他情形，应当制作《行政处罚告知书》，告知当事人享有陈述、申辩的权利。

（3）对涉嫌构成违法行为的当事人，要向其说明拟处罚的事实理由、依据、处罚内容，引用法律依据时应写明法律、法规或者规章的具体条款。

（4）使用本文书须填报《行政处罚案件有关事项审批表》，经市场监督管理部门负责人批准后制发。

（5）本文书须送达当事人，并归档。

____________市场监督管理局

行政处罚听证通知书

___市监___字〔___〕___号

__________________：

根据你（单位）的要求，本局决定于_______年___月___日___时___分在______________________________对你（单位）涉嫌__________________________________一案公开/不公开举行听证，请准时出席。如无正当理由不到场听证的，本局将依法终止听证。

本次听证会由_______担任听证主持人（_______担任听证员），_______担任记录员（_______担任翻译人员）。按照《中华人民共和国行政处罚法》第六十四条第一款第四项、《市场监督管理行政处罚听证暂行办法》第四条的规定，如认为上述人员与你（单位）有直接利害关系，你（单位）有申请回避的权利。

如果委托代理人（一至二人）代为参加听证，请提交由委托人签名或者盖章的授权委托书，委托书应当载明委托事项及权限。委托代理人代为放弃行使陈述权、申辩权和质证权的，必须有委托人的明确授权。

请参加人员携带身份证件原件，委托代理人员还应当携带授权委托书。

联系人：__________________联系电话：__________________

__________市场监督管理局

（印章）

年 月 日

本文书一式___份，___份送达，一份归档，__________。

行政处罚听证通知书使用指南

《行政处罚听证通知书》是市场监督管理部门的听证组织机构在依法通知当事人举行听证的时间、地点、相关人员姓名，以及其他相关事项时所使用的文书。

1. 文书适用范围

市场监督管理部门在办理行政处罚案件的过程中，应当事人的要求，决定举行行政处罚案件听证会的，根据《市场监督管理行政处罚听证暂行办法》第二十条，告知听证时间、听证地点及听证主持人（听证员）、记录员（翻译人员）的姓名，并告知当事人有申请回避的权利时，使用本文书。

2. 文书使用注意事项

（1）确定听证时间应当符合《行政处罚法》和《市场监督管理行政处罚听证暂行办法》关于听证通知时限的规定，即应当在举行听证的七日前将听证通知书送达当事人，将听证时间、地点通知办案人员，并退回案件材料。

（2）第三人参加听证的，应当在举行听证前将听证时间、地点通知第三人。

（3）本文书须送达当事人，并归档。

______市场监督管理局

听证笔录

案件名称：________________

时间：________年____月____日____时____分至____时____分

地点：________________

听证主持人：____________（听证员：____________）

记录员：____________（翻译人员：____________）

办案人员：________________

当事人：________________

[法定代表人（负责人）：__________委托代理人：__________]

[第三人：________________

法定代表人（负责人）：__________委托代理人：__________]

[其他参加人：________________]

听证过程如下。

记录员：经查，听证参加人____________已到场，现在宣布听证纪律。

（1）服从听证主持人的指挥，未经听证主持人允许不得发言、提问。

（2）未经听证主持人允许不得录音、录像和摄影。

（3）听证参加人未经听证主持人允许不得退场。

（4）不得大声喧哗，不得鼓掌、哄闹或者进行其他妨碍听证秩序的活动。

办案人员（签名或者盖章）：____________　　年　月　日

当事人（委托代理人）（签名或者盖章）：____________　　年　月　日

第三人（委托代理人）、其他参加人（签名或者盖章）：____________　　年　月　日

第　页共　页

报告听证主持人，听证准备就绪。

听证主持人：现在核对听证参加人。

当事人（委托代理人）：______________________________

办案人员：______________________________

［第三人（委托代理人）：______________________________］

［其他参加人：______________________________］

听证主持人：已核对当事人（委托代理人）［第三人（委托代理人）、其他参加人］和办案人员的身份。现在宣布听证会开始进行。

本局于________年____月____日依法向当事人送达了《行政处罚听证通知书》（____市监____字〔____〕____号）。经________________申请举行______________________一案听证会。本次听证主持人是__________（听证员是________），记录员是______（翻译人员是________）。

现告知听证参加人在听证中的权利义务。

当事人享有以下权利：①放弃听证；②申请听证主持人（听证员）、记录员（翻译人员）回避；③当场提出证明自己主张的证据；④进行陈述和申辩；⑤经听证主持人允许，可以对相关证据进行质证；⑥经听证主持人允许，可以向到场的证人、鉴定人、勘验人发问；⑦对《听证笔录》进行审核，认为无误后签名或者盖章。

（第三人享有以下权利：①当场提出证明自己主张的证据；②进行陈述；③经听证主持人允许，可以对相关证据进行质证；④经听证主持人允许，可以向到场的证人、鉴定人、勘验人发问；⑤对《听证笔录》进行审核，认为无误后签名或者盖章。）

办案人员（签名或者盖章）：______________________________ 年 月 日

当事人（委托代理人）（签名或者盖章）：____________________ 年 月 日

第三人（委托代理人）、其他参加人（签名或者盖章）：__________ 年 月 日

第 页 共 页

听证参加人承担以下义务：①遵守听证纪律；②在审核无误的《听证笔录》上签名或者盖章。

当事人（委托代理人）是否申请听证主持人（听证员）、记录员（翻译人员）回避？

当事人（委托代理人）：________________________________

____

____

听证主持人：现在请办案人员提出当事人违法的事实、证据、行政处罚建议及依据。

____

____

____

____

听证主持人：现在请当事人（委托代理人）进行陈述和申辩。

____

____

____

____

[听证主持人：现在请第三人（委托代理人）进行陈述。]

____

____

____

____

____

办案人员（签名或者盖章）：________________　　年　月　日

当事人（委托代理人）（签名或者盖章）：________________　　年　月　日

第三人（委托代理人）、其他参加人（签名或者盖章）：________　　年　月　日

第　页共　页

听证主持人：现在开始质证和辩论。

____

____

____

____

[听证主持人：第三人（委托代理人）请陈述你的最后意见。]

____

____

____

____

____

听证主持人：请办案人员陈述最后意见。

____

____

____

____

听证主持人：当事人请陈述你的最后意见。

____

____

听证主持人：现在宣布听证结束。请听证参加人核对《听证笔录》，无误后请签名或者盖章。

办案人员（签名或者盖章）：________________________________ 年 月 日

当事人（委托代理人）（签名或者盖章）：______________________ 年 月 日

第三人（委托代理人）、其他参加人（签名或者盖章）：____________ 年 月 日

第 页 共 页

《听证笔录》使用指南

《听证笔录》是市场监督管理部门在对听证会全过程进行记录时所使用的文书。

1. 文书适用范围

市场监督管理部门在应当事人的申请，就行政处罚案件举行听证会，由听证记录员根据《市场监督管理行政处罚听证暂行办法》第二十八条，记载听证时间、地点、案由，听证人员、听证参加人员姓名，各方意见，以及其他需要记载的事项时，使用本文书。

2. 文书使用注意事项

（1）根据听证参加人员情况，选择记载相应委托代理人、第三人、其他参加人等内容。

（2）听证会应当按照《市场监督管理行政处罚听证暂行办法》第二十五条规定的程序进行。

（3）本文书经听证参加人核对无误后，由听证参加人当场签名或者盖章。当事人（委托代理人）、第三人（委托代理人）拒绝签名或者盖章的，应当在《听证笔录》中记明情况。笔录需要更正的，涂改部分由要求更正的人员以签名、盖章或者其他方式确认。

______________市场监督管理局

听证报告

案件名称：____

听证时间：______________年______月______日______时______分至______时______分

听证地点：____

听证方式：□公开/□不公开

听证主持人：______________________________（听证员：__________________________）

记录员：______________________________（翻译人员：__________________________）

办案人员：__________________________、____

当事人：____

[法定代表人（负责人）：__________________委托代理人：____________________________]

[第三人：____

法定代表人（负责人）：________________________委托代理人：______________________]

其他参加人：____]

听证的基本情况：____

____

____

____

____

____

____

____

____

第　页共　页

处理意见及建议：

（需要报告的其他事项：

）

听证主持人：　　　　　　　　　　　年　月　日

听证员：　　　　　　　　　　　年　月　日

第　页共　页

《听证报告》使用指南

《听证报告》是听证主持人在听证结束后向市场监督管理部门负责人报告听证情况和处理意见及建议时所使用的文书。

1. 文书适用范围

市场监督管理部门在行政处罚案件听证结束后，听证主持人根据《市场监督管理行政处罚听证暂行办法》第二十九条撰写《听证报告》、提出听证意见时，使用本文书。

2. 文书使用注意事项

（1）根据听证参加人员情况，选择记载相应委托代理人、第三人及其他参加人等内容。

（2）本文书制作要求内容完整、重点突出，应当包括以下内容：①听证案由；②听证人员、听证参加人；③听证时间、地点；④听证的基本情况；⑤处理意见及建议；⑥需要报告的其他事项。

（3）“处理意见及建议”按照事先告知当事人的拟作出的行政处罚决定，根据实际情况，可以提出同意、改变、撤销拟作出的行政处罚决定的建议，也可以提出重新进行研究、提交部门负责人集体讨论决定等建议。

（4）根据申辩不加重处罚的原则，听证主持人不应当采纳行政处罚当事人提供的对其不利的证据认定案件事实，更不能提出比拟作出行政处罚更重的行政处罚的建议。

第三节　行政处罚裁量权的适用

一、不予行政处罚、减轻行政处罚、从轻行政处罚和从重行政处罚的含义

（1）不予行政处罚是指因法定原因对特定违法行为不给予行政处罚。

（2）减轻行政处罚是指适用法定行政处罚最低限度以下的处罚种类或处罚幅度。既包括在违法行为应当受到的一种或者几种处罚种类之外选择更轻的处罚种类，或者在应当并处时不并处，也包括在法定最低罚款限值以下确定罚款数额。

（3）从轻行政处罚是指在依法可以选择的处罚种类和处罚幅度内，适用较轻、较少的处罚种类或者较低的处罚幅度。其中，罚款的数额应当在从最低限到最高限这一幅度中较低的百分之三十部分。

（4）从重行政处罚是指在依法可以选择的处罚种类和处罚幅度内，适用较重、较多的处罚种类或者较高的处罚幅度。其中，罚款的数额应当在从最低限到最高限这一幅度中较高的百分之三十部分。

二、行政处罚裁量情形

（一）有下列情形之一的，应当依法不予行政处罚

（1）不满十四周岁的人有违法行为的。

（2）精神病人、智力残疾人在不能辨认或者不能控制自己行为时有违法行为的。

（3）违法行为轻微并及时改正，没有造成危害后果的。

（4）除法律另有规定外，违法行为在二年内未被发现的。

（5）其他依法应当不予行政处罚的。

（二）有下列情形之一的，应当依法从轻或者减轻行政处罚

（1）已满十四周岁不满十八周岁的人有违法行为的。

（2）主动消除或者减轻违法行为危害后果的。

（3）受他人胁迫或者诱骗实施违法行为的。

（4）配合市场监督管理部门查处违法行为有立功表现的，包括但不限于当事人揭发市场监督管理领域重大违法行为或者提供查处市场监督管理领域其他重大违法行为

的关键线索或证据，并经查证属实的。

（5）法律、法规或者规章规定其他依法应当从轻或者减轻行政处罚的。

（三）有下列情形之一的，可以依法从轻或者减轻行政处罚

（1）积极配合市场监督管理部门调查，如实陈述违法事实并主动提供证据材料的。

（2）违法行为轻微，社会危害性较小的。

（3）受他人诱骗实施违法行为的。

（4）在共同违法行为中起次要或者辅助作用的。

（5）当事人有充分证据证明不存在主观故意或者重大过失的。

（6）当事人因残疾或者重大疾病等原因生活确有困难的。

（7）其他依法可以从轻或者减轻行政处罚的。

（四）有下列情形之一的，可以依法从重行政处罚

（1）违法行为造成他人人身伤亡或者重大财产损失等严重危害后果的。

（2）在发生自然灾害、事故灾难、公共卫生或者社会安全事件期间实施违法行为的。

（3）教唆、胁迫、诱骗他人实施违法行为的。

（4）因同一性质的违法行为受过刑事处罚，或者一年内因同一性质的违法行为受过行政处罚的。

（5）阻碍或者拒不配合行政执法人员依法执行职务或者对行政执法人员打击报复的。

（6）隐藏、转移、变卖、损毁市场监督管理部门依法查封、扣押的财物或者先行登记保存的证据的，市场监督管理部门已依法对上述行为进行处罚的除外。

（7）伪造、隐匿、毁灭证据的。

（8）其他依法可以从重行政处罚的。

三、文书范本

____________市场监督管理局

不予行政处罚决定书

____市监____字〔____〕____号

当事人：________________________

主体资格证照名称：________________________

统一社会信用代码（注册号）：________________________

住所（住址）：________________________

法定代表人（负责人、经营者）：________________________

身份证（其他有效证件）号码：________________________

联系电话：________________其他联系方式：________________

联系地址：________________________

（案件来源、调查经过及采取行政强制措施的情况）

（违反法律、法规或者规章的事实）

上述事实，主要有以下证据证明：________________________

（当事人陈述、申辩情况，当事人陈述、申辩的采纳情况及理由；行政处罚告知、行政处罚听证告知情况，以及复核、听证过程及意见）

（案件性质、不予行政处罚的决定和理由）

（救济途径和期限）

____________市场监督管理局

（印章）

年　　月　　日

本文书一式____份，____份送达，一份归档，____________。

《不予行政处罚决定书》使用指南

《不予行政处罚决定书》是市场监督管理部门在记载对当事人作出不予行政处罚决定的事实、理由、依据等事项时所使用的文书。

1. 文书适用范围

市场监督管理部门在适用一般程序办理行政处罚案件，根据《行政处罚法》，对符合《市场监督管理行政处罚程序暂行规定》第五十四条第一款第二项的情形，或者根据其他法律、法规，作出不予行政处罚决定时，使用本文书。

2. 文书使用注意事项

(1)《不予行政处罚决定书》主要包括以下内容。

1) 当事人的姓名或者名称、地址等基本情况。当事人有主体资格证照的，按照当事人主体资格证照记载事项填写主体资格证照名称、统一社会信用代码（注册号）、住所（住址）、法定代表人（负责人、经营者）等信息。当事人是个体工商户且有字号的，以字号名称作为当事人名称，同时填写经营者姓名、身份证或者其他有效证件名称及号码。当事人主体资格证照未加载统一社会信用代码的，填写注册号或者其他编号。当事人是个人的，按照身份证或者其他有效证件记载事项填写姓名、住址、证件号码等信息。

2) “案件来源、调查经过及采取行政强制措施的情况”栏中可填写案件线索来源，核查及立案的时间，以及采取的先行登记保存、行政强制、现场检查、抽样取证等措施案件调查情况。

3) “违反法律、法规或者规章的事实”栏中应填写清楚案件事实，包括从事违法行为的时间、地点、目的、手段、情节、违法所得、危害结果等。记录要客观真实，所描述的事实必须得到相关证据的支持，内容全面、重点突出。

4) “上述事实，主要有以下证据证明”栏中要将认定案件事实所依据的证据列举清楚，所列举的证据要符合证据的基本要素，并能根据证据规则认定案件事实。必要时可以将证据与所证明的事实对应列明。

5) 若当事人进行陈述、申辩，或者要求听证，应记载当事人陈述、申辩的采纳情况及理由，行政处罚告知、行政处罚听证告知情况，以及复核、听证过程及意见。

6) “案件性质、不予行政处罚的决定和理由”栏中要写明对当事人违法行为的定性及依据，以及不予行政处罚的理由及依据。决定责令当事人改正或者限期改正违法行为的，应当在本文书中一并表述。

7）“救济途径和期限”栏中要写明当事人不服不予行政处罚决定申请行政复议或者提起行政诉讼的途径和期限。对此，一般表述为“如你（单位）不服本不予行政处罚决定，可以自收到本不予行政处罚决定书之日起六十日内向____________人民政府或者____________________市场监督管理局申请行政复议，也可以在六个月内依法向____________法院提起行政诉讼。”法律、法规规定应当先向行政机关申请复议，对复议决定不服再向人民法院提起诉讼的，按照法律、法规的规定执行。对不予行政处罚决定不服的，依法申请行政复议的期限为六十日，法律规定的申请期限超过六十日的从其规定；依法提起行政诉讼的期限为六个月，法律另有规定的从其规定。

（2）正文中的楷体文字为内容提示，不必体现在文书内容中。

（3）使用本文书须填报《行政处理决定审批表》，经市场监督管理部门负责人批准后制发。

（4）市场监督管理部门送达本文书，应当在宣告后当场交付当事人。当事人不在场的，应当在七日内按照《市场监督管理行政处罚程序暂行规定》第七十四条、第七十五条的规定送达当事人。

第四节　作出处理决定

一、一般决定的具体情况

市场监督管理部门负责人经对案件调查终结报告、核审意见、当事人的陈述、申辩意见、拟作出的行政处罚决定或者听证报告等进行审查，根据不同情况分别作出以下决定。

（1）确有依法应当给予行政处罚的违法行为的，根据情节轻重及具体情况，作出行政处罚决定。

（2）确有违法行为，但有依法不予行政处罚情形的，不予行政处罚。

（3）违法事实不能成立的，不得给予行政处罚。

（4）不属于市场监督管理部门管辖的，移送其他行政管理部门处理。

（5）违法行为涉嫌犯罪的，移送司法机关。

二、集体讨论决定的具体情况

（1）市场监督管理部门对以下类型的重大复杂案件，或者重大违法行为给予较重处罚的案件，应当提交市场监督管理部门负责人集体讨论决定。

1）拟罚款、没收违法所得和非法财物价值数额较大的案件。

2）拟责令停产停业、吊销许可证或者执照的案件。

3）涉及重大安全问题或者有重大社会影响的案件。

4）调查处理意见与审核意见存在重大分歧的案件。

5）市场监督管理部门负责人认为应当提交集体讨论的其他案件。

（2）重大复杂案件，或者重大违法行为给予较重处罚的案件范围，由省级市场监督管理部门确定。

三、制作行政处罚决定书

（1）市场监督管理部门作出行政处罚决定，应当制作行政处罚决定书，并加盖本部门印章。

（2）行政处罚决定书包括以下内容。

1）当事人的姓名或者名称、地址等基本情况。

2）违反法律、法规或者规章的事实和证据。

3）当事人陈述、申辩的采纳情况及理由。

4）行政处罚的内容和依据。

5）行政处罚的履行方式和期限。

6）不服行政处罚决定，申请行政复议或者提起行政诉讼的途径和期限。

7）作出行政处罚决定的市场监督管理部门的名称和作出决定的日期。

四、公示与时效

（一）公示

市场监督管理部门作出的行政处罚决定信息应当按照有关规定向社会公示。

（二）时效

（1）适用一般程序处理的案件应当自立案之日起九十日内作出处理决定。

（2）案情复杂或者其他原因，不能在规定期限内作出处理决定的，经市场监督管理部门负责人批准，可以延长三十日。

（3）案情特别复杂或者有其他特殊情况，经延期仍不能作出处理决定的，应当由市场监督管理机关负责人集体讨论决定是否继续延期，决定继续延期的，应当同时确定延长的合理期限。

（4）在案件处理过程中，中止、听证、公告和鉴定等的时间不计入上述所指的案件办理期限。

五、告知

市场监督管理部门对投诉、举报、申诉所涉及的违法嫌疑人作出行政处罚、不予行政处罚、销案、移送其他机关等处理决定的，应当将处理结果告知被调查人和具名投诉人、申诉人、举报人。

六、涉嫌犯罪的移交

（一）执法依据

知识产权领域的违法案件，行政执法机关根据调查收集的证据和查明的案件事实，认为存在犯罪的合理嫌疑，需要公安机关采取措施进一步获取证据以判断是否达到刑事案件立案追诉标准的，应当向公安机关移送。

已作出行政处罚决定的案件，涉嫌犯罪的，各级市场监督管理部门应当按照相关规定及时移送司法机关。根据《最高人民检察院、公安部关于公安机关管辖的刑事案件立案追诉标准的规定（二）》［以下简称《规定（二）》］等相关条款执行。

（1）《规定（二）》第六十九条规定，［假冒注册商标案（刑法第二百一十三条）］未经注册商标所有人许可，在同一种商品上使用与其注册商标相同的商标，涉嫌下列情形之一的，应予立案追诉。

1）非法经营数额在五万元以上或者违法所得数额在三万元以上的。

2）假冒两种以上注册商标，非法经营数额在三万元以上或者违法所得数额在二万元以上的。

3）其他情节严重的情形。

（2）《规定（二）》第七十条规定，［销售假冒注册商标的商品案（刑法第二百一十四条）］销售明知是假冒注册商标的商品，涉嫌下列情形之一的，应予立案追诉。

1）销售金额在五万元以上的。

2）尚未销售，货值金额在十五万元以上的。

3）销售金额不满五万元，但已销售金额与尚未销售的货值金额合计在十五万元以上的。

（3）《规定（二）》第七十一条规定，［非法制造、销售非法制造的注册商标标识案（刑法第二百一十五条）］伪造、擅自制造他人注册商标标识或者销售伪造、擅自制造的注册商标标识，涉嫌下列情形之一的，应予立案追诉。

1）伪造、擅自制造或者销售伪造、擅自制造的注册商标标识数量在二万件以上，或者非法经营数额在五万元以上，或者违法所得数额在三万元以上的。

2）伪造、擅自制造或者销售伪造、擅自制造两种以上注册商标标识数量在一万件以上，或者非法经营数额在三万元以上，或者违法所得数额在二万元以上的。

3）其他情节严重的情形。

（4）根据对《关于办理侵犯知识产权刑事案件具体应用法律若干问题的解释（三）》的理解与适用，具有下列情形之一的，可以认定为刑法第二百一十三条规定的“与其注册商标相同的商标”。

1）改变注册商标的字体、字母大小写或者文字横竖排列，与注册商标之间基本无差别的。

2）改变注册商标的文字、字母、数字等之间的间距，与注册商标之间基本无差别的。

3）改变注册商标颜色，不影响体现注册商标显著特征的。

4）在注册商标上仅增加商品通用名称、型号等缺乏显著特征要素，不影响体现注册商标显著特征的。

5）与立体注册商标的三维标志及平面要素基本无差别的。

6）其他与注册商标基本无差别、足以对公众产生误导的商标。

（5）各级市场监督管理部门对应当向公安机关移送的涉嫌犯罪案件，不得以行政处罚代替移送。

（二）移送程序

（1）各级市场监督管理部门在查处违法行为过程中，必须妥善保存所收集的与违法行为有关的证据。

（2）各级市场监督管理部门对查获的涉案物品，应当如实填写涉案物品清单，并按照国家有关规定予以处理。对易腐烂、变质等不宜或者不易保管的涉案物品，应当采取必要措施，留取证据；对需要进行检验、鉴定的涉案物品，应当由法定检验、鉴定机构进行检验、鉴定，并出具检验报告或者鉴定结论。

（3）各级市场监督管理部门对应当向公安机关移送的涉嫌犯罪案件，应当立即指定两名或者两名以上行政执法人员组成专案组专门负责，核实情况后提出移送涉嫌犯罪案件的书面报告，报本机关正职负责人或者主持工作的负责人审批。

（4）各级市场监督管理部门正职负责人或者主持工作的负责人应当自接到报告之日起三日内作出批准移送或者不批准移送的决定。决定批准的，应当在二十四小时内向同级公安机关移送；决定不批准的，应当将不予批准的理由记录在案。

（5）各级市场监督管理部门向公安机关移送涉嫌犯罪案件，应当附有下列材料。

1）涉嫌犯罪案件移送书。

2）涉嫌犯罪案件情况的调查报告。

3）涉案物品清单。

4）有关检验报告或者鉴定结论。

5）其他有关涉嫌犯罪的材料。

（三）处理结果

（1）各级市场监督管理部门对公安机关决定立案的案件，应当自接到立案通知书之日起三日内将涉案物品以及与案件有关的其他材料移交公安机关，并办结交接手续；法律、行政法规另有规定的，依照其规定。

（2）公安机关对发现的违法行为，经审查，没有犯罪事实，或者立案侦查后认为犯罪事实显著轻微，不需要追究刑事责任，但依法应当追究行政责任的，应当及时将案件移送同级市场监督管理部门，有关各级市场监督管理部门应当依法作出处理。

（四）处罚实施

（1）各级市场监督管理部门对应当向公安机关移送的涉嫌犯罪案件，不得以行政处罚代替移送。各级市场监督管理部门向公安机关移送涉嫌犯罪案件前已经作出的警告，责令停产停业，暂扣或者吊销许可证、执照的行政处罚决定，不停止执行。按照行政处罚法的规定，行政执法机关向公安机关移送涉嫌犯罪案件前，已经依法给予当事人罚款的，人民法院判处罚金时，依法折抵相应罚金。

（2）各级市场监督管理部门对公安机关决定不予立案的案件，应当依法作出处理。其中，按照有关法律、法规或者规章的规定应当给予行政处罚的，应当依法实施行政处罚。

（3）各级市场监督管理部门移送涉嫌犯罪案件，应当接受人民检察院和监察机关依法实施的监督。

（4）各级市场监督管理部门违反本规定，逾期不将案件移送公安机关的，由本级或者上级人民政府，或者实行垂直管理的上级市场监督管理部门，责令限期移送，并对其正职负责人或者主持工作的负责人根据情节轻重，给予记过以上的处分；构成犯罪的，依法追究刑事责任。

（5）各级市场监督管理部门违反本规定，对应当向公安机关移送的案件不移送，或者以行政处罚代替移送的，由本级或者上级人民政府，或者实行垂直管理的上级市场监督管理部门，责令改正，给予通报；拒不改正的，对其正职负责人或者主持工作的负责人给予记过以上的处分；构成犯罪的，依法追究刑事责任。

七、文书范本

______________市场监督管理局

重大复杂案件集体讨论笔录

案件名称：____

时间：______________年________月________日________时________分至________时________分

地点：____

集体讨论原因：____

____

____

____

主持人：__________职务：__________记录人：__________职务：__________

参加人及其职务：____

____

____

____

____

列席人及其职务：____

____

____

____

____

案件承办人汇报案件情况：____

____

____

____

第　页　共　页

听证主持人汇报听证情况：________________

参加讨论人员意见和理由：________________

结论性意见：________________

参加讨论人员签名：________________

第　页　共　页

____________市场监督管理局

行政处理决定审批表

案件名称	
立案时间	年　月　日
行政处理决定建议类别	□给予行政处罚　□不予行政处罚　□违法事实不能成立，予以结案　□移送其他行政管理部门　□移送司法机关　□其他
是否经过复核（听证）程序	□当事人未提出陈述、申辩意见或者未申请听证 □案件经复核或者听证
建议作出行政处理决定的主要事实、理由、依据及内容	办案人员： 年　月　日
当事人陈述、申辩或者听证中提出的主要意见	
复核意见或者听证意见	
办案机构负责人意见	办案机构负责人： 年　月　日
部门负责人意见	部门负责人： 年　月　日
备注	

《行政处理决定审批表》使用指南

《行政处理决定审批表》是市场监督管理部门的办案机构在案件调查终结之后，将最终处理建议提请市场监督管理部门负责人审批决定时所使用的文书。

1. 文书适用范围

市场监督管理部门的办案机构在根据《市场监督管理行政处罚程序暂行规定》第五十四条第一款，将最终处理建议提请市场监督管理部门负责人审批决定时，使用本文书。

2. 文书使用注意事项

（1）填写“案件名称”栏采用“当事人姓名（名称）+涉嫌+违法行为性质+案”的方式表述。

（2）“行政处理决定建议类别”栏中，“违法事实不能成立，予以结案”适用于《市场监督管理行政处罚程序暂行规定》第五十四条第一款第三项中规定的“违法事实不能成立的，不得给予行政处罚”的情形。

（3）本文书各栏内容由办案机构填写，报市场监督管理部门负责人审批。

（4）经市场监督管理部门负责人集体讨论的，讨论决定在本文书中应当予以记载。可由部门负责人填写集体讨论决定，表述为“经________年____月____日集体讨论决定，同意。”，也可由办案人员在“备注”栏中予以注明。

（5）经审核机构审核的，应当由办案机构在“备注”栏中注明“本案已由审核机构于________年____月____日出具审核意见，审核意见为____”。

________市场监督管理局

行政处罚决定书

___市监___字〔___〕___号

当事人：____________________

主体资格证照名称：____________________

统一社会信用代码（注册号）：____________________

住所（住址）：____________________

法定代表人（负责人、经营者）：____________________

身份证（其他有效证件）号码：____________________

联系电话：____________________其他联系方式：____________________

联系地址：____________________

（案件来源、调查经过及采取行政强制措施的情况）____________________

____

____

（违反法律、法规或者规章的事实）____________________

____

____

上述事实，主要有以下证据证明：____________________

____

____

（当事人陈述、申辩情况，当事人陈述、申辩的采纳情况及理由；行政处罚告知、行政处罚听证告知情况，以及复核、听证过程及意见）____________________

____

____

____

（案件性质、自由裁量的事实和理由）______________________________

____

____

____

（行政处罚的内容和依据）______________________________

____

____

____

（行政处罚的履行方式和期限）______________________________

____

____

____

（救济途径和期限）______________________________

____

____

____

____________市场监督管理局

（印章）

年　月　日

（市场监督管理部门将依法向社会公示本行政处罚决定信息）

本文书一式____份，____份送达，一份归档，____________。

《行政处罚决定书》使用指南

《行政处罚决定书》是市场监督管理部门在对当事人作出行政处罚决定时所使用的文书。

1. 文书适用范围

市场监督管理部门在根据《行政处罚法》第五十二条、《市场监督管理行政处罚程序暂行规定》第五十五条，对当事人作出行政处罚决定，载明对当事人作出行政处罚决定的事实、理由、依据及处罚内容等事项时，使用本文书。

2. 文书使用注意事项

（1）使用一般程序办理的行政处罚案件适用本文书，使用简易程序办理的行政处罚案件不适用本文书。

（2）《行政处罚决定书》主要包括以下内容。

1）当事人的姓名或者名称、地址等基本情况。当事人有主体资格证照的，按照当事人主体资格证照记载事项填写主体资格证照名称、统一社会信用代码（注册号）、住所（住址）、法定代表人（负责人、经营者）等信息。当事人是个体工商户且有字号的，以字号名称作为当事人名称，同时填写经营者姓名、身份证或者其他有效证件名称及号码。当事人主体资格证照未加载统一社会信用代码的，填写注册号或者其他编号。当事人是个人的，按照身份证或者其他有效证件记载事项填写姓名、住址、证件号码等信息。

2）“案件来源、调查经过及采取行政强制措施的情况”栏中应填写案件线索来源，核查及立案的时间，以及采取的先行登记保存、行政强制、现场检查、抽样取证措施等案件调查情况。

3）“违反法律、法规或者规章的事实”栏中应填写清楚案件事实，包括从事违法行为的时间、地点、目的、手段、情节、违法所得、危害结果等。记录要客观、真实，所描述的事实必须得到相关证据的支持，内容全面、重点突出。

4）“上述事实，主要有以下证据证明”栏中要将认定案件事实所依据的证据列举清楚，所列举的证据要符合证据的基本要素，并能根据证据规则认定案件事实。必要时可以将证据与所证明的事实对应列明。

5）“当事人陈述、申辩情况，当事人陈述、申辩的采纳情况及理由；行政处罚告知、行政处罚听证告知情况，以及复核、听证过程及意见”栏中要写明行政处罚告知或者行政处罚听证告知的送达情况，以及对当事人陈述、申辩意见的复核程序及听证程序；要对当事人陈述、申辩的内容加以表述，说明市场监督管理部门的复核意见以及采纳或者不予以采纳的理由。经过听证的案件，还须写明听证意见。

6）“案件性质、自由裁量的事实和理由”及“行政处罚的内容和依据”。行政处罚的依据有两种。一是违法依据，即违法行为所直接违反的法律、法规、规章及规定。它既是判定行为是否违法的依据，也是判定构成何种违法行为即定性的依据。二是处罚依据，即决定处罚内容所依据的法律、法规、规章及规定。在表述行政处罚依据时，应当写明所依据的具体条款。应当说明影响行政处罚裁量的事实，从违法案件的具体事实、性质、情节、社会危害程度、主观过错及公平公正要求等方面，对行政处罚自由裁量的依据和理由加以表述，阐明对当事人从重、从轻、减轻处罚的情形。行政处罚的内容包括对当事人给予处罚的种类和数额，有多项的应分项写明。

7）“行政处罚的履行方式和期限”。行政处罚规定有罚款处罚的，应当写明收缴罚款的银行或者代收机构的名称、地址，以及对当事人逾期缴纳罚款可以加处罚款的表述。一般表述为“当事人应当自收到本行政处罚决定书之日起十五日内，将罚款缴至________________________银行（代收机构名称：____________地址：________________________）。到期不缴纳罚款的，根据《中华人民共和国行政处罚法》第七十二条，本局将每日按罚款数额的百分之三加处罚款，并依法申请人民法院强制执行。”

8）“救济途径和期限”栏中要写明当事人不服行政处罚决定申请行政复议或者提起行政诉讼的途径和期限。一般表述为“如你（单位）不服本行政处罚决定，可以在收到本行政处罚决定书之日起六十日内向______人民政府或者______市场监督管理局申请行政复议，也可以在六个月内依法向______法院提起行政诉讼。申请行政复议或者提起行政诉讼期间，行政处罚不停止执行。”法律、法规规定应当先向行政机关申请复议，对复议决定不服再向人民法院提起诉讼的，按照法律、法规的规定执行。对行政处罚决定不服的，依法申请行政复议的期限为六十日，法律规定的申请期限超过六十日的从其规定；依法提起行政诉讼的期限为六个月，法律另有规定的从其规定。

（3）正文中的楷体文字为内容提示，不必体现在文书内容中。

（4）本文书末尾应当载明“(市场监督管理部门将依法向社会公示本行政处罚决定信息)”。

（5）市场监督管理部门送达本文书，应当在宣告后当场交付当事人。当事人不在场的，应当在七日内按照《市场监督管理行政处罚程序暂行规定》第七十四条、第七十五条的规定送达当事人。

（6）使用本文书须填报《行政处理决定审批表》，经市场监督管理部门负责人批准后制发。

____________市场监督管理局
当场行政处罚决定书

文书编号：____________

当事人：____________

主体资格证照名称：____________

统一社会信用代码（注册号）：____________

住所（住址）：____________

法定代表人（负责人、经营者）：____________

身份证（其他有效证件）号码：____________

联系电话：____________其他联系方式：____________

执法人员：____________执法证号：____________

执法人员：____________执法证号：____________

你（单位）____________的行为，违反了____________的规定。按照《中华人民共和国行政处罚法》第二十八条、____________的规定，现责令你（单位）改正上述违法行为，并作出如下行政处罚：

□警告；

□罚款________元。

罚款按下列方式缴纳：

□当场缴纳；

□自即日起15日内通过____________缴纳罚款。

逾期不缴纳罚款的，按照《中华人民共和国行政处罚法》第七十二条的规定，本局将每日按罚款数额的百分之三加处罚款，并依法申请人民法院强制执行。

你（单位）如不服本行政处罚决定，可以在收到本当场行政处罚决定书之日起________日内向____________人民政府或者____________市场监督管理局申请行政复议，也可以在________日内依法向________法院提起行政诉讼。

____________市场监督管理局

（印章）

年　　月　　日

本行政处罚决定作出前执法人员已向你（单位）出示执法证件，告知你（单位）作出本行政处罚决定的事实、理由、依据及处罚内容，并告知你（单位）有权进行陈述和申辩。

处罚地点：____________

当事人确认及签收（签名或者盖章）：____________　　年　　月　　日

执法人员（签名）：____________　　年　　月　　日

本文书一式____份，____份送达，一份归档，____________。

《当场行政处罚决定书》使用指南

《当场行政处罚决定书》是市场监督管理部门或者其派出机构在按照行政处罚简易程序的相关规定对违法行为人当场作出行政处罚时所使用的文书。

1. 文书适用范围

市场监督管理部门的执法人员在根据《行政处罚法》第五十一条，对违法事实确凿并有法定依据，对公民处以二百元以下、对法人或者其他组织处以三千元以下罚款或者警告的行政处罚，当场作出行政处罚决定时，使用本文书。

2. 文书使用注意事项

（1）本文书由市场监督管理部门预先印制并编制“文书编号”，须确保每一份文书分别标有不同编号，便于加以区分。

（2）执法人员当场作出行政处罚决定的，应当向当事人出示执法身份证件，并填写本文书当场交付当事人。

（3）当事人有主体资格证照的，按照当事人主体资格证照记载事项填写主体资格证照名称、统一社会信用代码（注册号）、住所（住址）、法定代表人（负责人、经营者）等信息。当事人是个体工商户且有字号的，以字号名称作为当事人名称，同时填写经营者姓名、身份证或者其他有效证件名称及号码。当事人主体资格证照未加载统一社会信用代码的，填写注册号或者其他编号。当事人是个人的，按照身份证或者其他有效证件记载事项填写姓名、住址、证件号码等信息。

（4）本文书中应填写对当事人违法行为的概述，对当事人违法行为定性与处罚所依据的法律、法规或者规章的具体条款，以及处罚的具体内容、时间、地点。

（5）书写罚款金额一般应当使用汉字数字，要填写正确，避免涂改。罚款缴纳方式为交至代收机构的，一般须填写代收机构的名称、地址等。

（6）根据《行政处罚法》第六十八条和第六十九条，符合相应条件的，执法人员可以当场收缴罚款。

（7）本文书应当写明当事人不服行政处罚决定申请行政复议或者提起行政诉讼的途径和期限。法律、法规规定应当先向行政机关申请复议，对复议决定不服再向人民法院提起诉讼的，按照法律、法规的规定执行。对行政处罚决定不服的，依法申请行政复议的期限为六十日，法律规定的申请期限超过六十日的从其规定；依法提起行政诉讼的期限为六个月，法律另有规定的从其规定。

（8）执法人员当场作出行政处罚决定的，有关材料须在作出行政处罚决定之日起七个工作日内交至市场监督管理部门归档保存。

____________市场监督管理局

行政处罚决定履行催告书

____市监____字〔____〕____号

__________________：

本局于________年____月____日对你（单位）作出行政处罚决定（《行政处罚决定书》____市监____字〔____〕____号）。你（单位）在法定期限内对该《行政处罚决定书》确定的下列义务没有履行：

____

____

____

____

按照《中华人民共和国行政强制法》第五十四条的规定，本局现催告你（单位）自收到本催告书之日起十日内按照该《行政处罚决定书》确定的方式依法履行上述义务。

收到本催告书后，你（单位）有权进行陈述、申辩。无正当理由逾期仍不履行行政决定的，本局将依法申请人民法院强制执行。

联系人：__________________联系电话：__________________

____________市场监督管理局

（印章）

年　　月　　日

本文书一式____份，____份送达，一份归档，____________。

《行政处罚决定履行催告书》使用指南

《行政处罚决定履行催告书》是市场监督管理部门因当事人未在规定期限内履行行政处罚决定，在申请人民法院强制执行前，催告当事人履行义务时所使用的文书。

1. 文书适用范围

市场监督管理部门根据《行政强制法》第五十三条、第五十四条，因当事人在法定期限内不申请行政复议或者提起行政诉讼又不履行行政处罚决定，在申请人民法院强制执行前催告当事人履行相关义务时，使用本文书。

2. 文书使用注意事项

（1）本文书应当载明市场监督管理部门作出行政处罚决定的文书名称、文号，行政处罚决定书确定的义务，以及没有履行义务的情况。没有履行义务的情况，可以填写尚未缴纳罚款的数额以及加处罚款的数额，如“①罚款五万元；②因逾期未缴纳上述罚款，依法加处的罚款五万元”。

（2）本文书须送达当事人，并归档。

______市场监督管理局

延期/分期缴纳罚款通知书

___市监___字〔___〕___号

__________：

本局于____年___月___日对你（单位）作出行政处罚决定（《行政处罚决定书》___市监___字〔___〕___号），处罚款____元。你（单位）于____年___月___日向本局提出延期/分期缴纳罚款的申请。

按照《中华人民共和国行政处罚法》第六十六条、《市场监督管理行政处罚程序暂行规定》第六十六条的规定，本局决定____

____

____

____

到期不缴纳罚款的，按照《中华人民共和国行政处罚法》第七十二条的规定，本局将__________

____

______市场监督管理局

（印章）

年　月　日

本文书一式___份，___份送达，一份归档，______。

《延期/分期缴纳罚款通知书》使用指南

《延期/分期缴纳罚款通知书》是在当事人确有经济困难，需要延期或者分期缴纳罚款，向市场监督管理部门提出书面申请，经市场监督管理部门负责人批准同意后，书面告知当事人时所使用的文书。

1. 文书适用范围

市场监督管理部门在根据《市场监督管理行政处罚程序暂行规定》第六十六条，对当事人书面提出的延期或者分期缴纳罚款申请，经市场监督管理部门负责人批准同意后，书面告知当事人时使用本文书。

2. 文书使用注意事项

（1）延期缴纳的，应当明确延期期限；分期缴纳的，应当明确每期缴纳的金额和期限。

（2）若当事人到期不缴纳罚款，市场监督管理部门可根据《行政处罚法》第七十二条，每日按罚款数额的百分之三加处罚款，并依法申请人民法院强制执行。

（3）使用本文书须填报《行政处罚案件有关事项审批表》，经市场监督管理部门负责人批准后制发。

（4）本文书须送达当事人，并归档。

____________市场监督管理局

案件移送函

____市监____字〔____〕____号

____________________：

____________________一案/违法线索，因____

____

____

____

____

____

____，

不属于我局管辖/我局管辖困难。按照《市场监督管理行政处罚程序暂行规定》第____条（第____款）的规定，现将该案/违法线索移送你单位处理。

附件：（相关材料）

联系人：____________________联系电话：____________________

____________市场监督管理局

（印章）

年　　月　　日

本文书一式____份，____份送达，一份归档，____________。

《案件移送函》使用指南

《案件移送函》是市场监督管理部门在将案件或者违法线索移送有管辖权的部门时所使用的文书。

1. 文书适用范围

市场监督管理部门在根据《市场监督管理行政处罚程序暂行规定》第十条第一款、第十三条、第十六条第一款，需要进行案件或者违法线索移送时，使用本文书。

2. 文书使用注意事项

（1）市场监督管理部门发现已立案的案件不属于自己管辖时，应当依法移送案件。市场监督管理部门发现正在核查的违法线索不属于自己管辖、对当事人涉嫌违法行为进行调查发现当事人还有违反其他行政管理秩序的线索时，应当依法移送违法线索。

（2）受移送的部门，既可能是其他市场监督管理部门，也可能是其他行政管理部门。

（3）移送的原因，须填写法律、法规、规章及相关文件关于监管职责、地域管辖、级别管辖、特殊管辖等的具体规定。

（4）“管辖困难”是指《市场监督管理行政处罚程序暂行规定》第十条第一款所规定的情形。

（5）所附“相关材料”可以作为附件逐一列明，也可以另附清单。

（6）使用本文书须填报《行政处罚案件有关事项审批表》，经市场监督管理部门负责人批准后制发。

（7）本文书须送达受移送部门，并归档。

________市场监督管理局

案件交办通知书

____市监____字〔____〕____号

____________市场监督管理局：

按照《市场监督管理行政处罚程序暂行规定》第十四条第一款的规定，现将________________

____

____

____

____

____

____

一案交与你局管辖。请依法处理，并将处理结果及时报送本局。

附件：（相关材料）

联系人：____________联系电话：____________

________市场监督管理局

（印章）

年　月　日

本文书一式____份，____份送达，一份归档，________。

《案件交办通知书》使用指南

《案件交办通知书》是上级市场监督管理部门在将本部门管辖的案件交由下级市场监督管理部门管辖时所使用的文书。

1. 文书适用范围

上级市场监督管理部门在根据《市场监督管理行政处罚程序暂行规定》第十四条第一款，将本部门管辖的案件交由下级市场监督管理部门管辖时，使用本文书。

2. 文书使用注意事项

（1）本文书应附上违法案件线索的相关材料。所附“相关材料”可以作为附件逐一列明，也可以另附清单。

（2）使用本文书须填报《行政处罚案件有关事项审批表》，经市场监督管理部门负责人批准后制发。

（3）本文书须送达承办的下级市场监督管理部门，并归档。

________市场监督管理局

涉嫌犯罪案件移送书

____市监____字〔____〕____号

____________:

____

____

____

一案/案件线索，经调查，当事人的行为涉嫌构成犯罪。按照《中华人民共和国行政处罚法》第二十七条、《行政执法机关移送涉嫌犯罪案件的规定》第三条的规定，现将该案移送你单位。

附件：(相关材料)

联系人：____________联系电话：____________

________市场监督管理局

(印章)

年　月　日

抄送：____________人民检察院

本文书一式____份，____份送达，一份归档，________。

《涉嫌犯罪案件移送书》使用指南

《涉嫌犯罪案件移送书》是市场监督管理部门在查处违法行为的过程中发现该违法行为涉嫌犯罪，按照有关规定将案件移送司法机关时所使用的文书。

1. 文书适用范围

市场监督管理部门在根据《市场监督管理行政处罚程序暂行规定》第十六条第二款，将涉嫌犯罪的违法行为移送司法机关时，使用本文书。

2. 文书使用注意事项

（1）本文书“附件”应附下列“相关材料”：涉嫌犯罪案件情况调查报告、涉案物品清单、有关检验报告或者鉴定结论，以及其他有关涉嫌犯罪的证据材料。

（2）市场监督管理部门移送涉嫌犯罪案件应当遵守《行政执法机关移送涉嫌犯罪案件的规定》等有关规定。

（3）使用本文书须填报《行政处罚案件有关事项审批表》或者《行政处理决定审批表》，经市场监督管理部门正职负责人或者主持工作的负责人批准后制发。

（4）本文书须送达受移送的公安机关，抄送同级检察机关，并归档。

移送案件涉案物品清单

单位（印章）：

名称	数量	品级	规格	型号	形态	备注

移送案件接收人：＿＿＿＿＿＿　　　　年　月　日

移送案件移送人：＿＿＿＿＿＿、＿＿＿＿＿＿　　　　年　月　日

注：本文书一式两份。一份送达被移送单位，一份市场监督管理部门存档。

第五节　行政处罚的简易程序

一、适用条件

违法事实确凿并有法定依据，对公民处以二百元以下、对法人或者其他组织处以三千元以下罚款或者警告的行政处罚的，可以当场作出行政处罚决定。

二、程序

（1）适用简易程序当场查处违法行为，办案人员应当向当事人出示执法证件，当场调查违法事实，收集必要的证据，填写预定格式、编有号码的行政处罚决定书。

（2）行政处罚决定书应当由办案人员签名或者盖章，并当场送达当事人。

（3）当场制作的行政处罚决定书应当载明当事人的基本情况、违法行为、行政处罚的依据和种类、罚款数额、缴款途径和期限、救济途径、部门名称、时间、地点，并加盖市场监督管理部门印章。

（4）办案人员在作出行政处罚决定前，应当告知当事人作出行政处罚决定的事实、理由和依据，并告知当事人有权进行陈述和申辩。当事人进行陈述和申辩的，办案人员应当记入笔录。

（5）适用简易程序查处案件的有关材料，办案人员应当在作出行政处罚决定之日起七个工作日内交至所在的市场监督管理部门归档保存。

第六节　行政处罚的执行

一、执行的基本原则

（1）执法全过程记录，重大行政执法决定法制审核，行政执法信息及时准确公示，行政执法全过程留痕和可回溯管理。

（2）运用说服教育、劝导示范、行政指导等非强制性手段，依法慎重实施行政强制。采用非强制性手段能够达到行政管理目的的，不得实施行政强制；违法行为情节轻微或者社会危害较小的，可以不实施行政强制；确须实施行政强制的，应当尽可能减少对市场主体正常生产经营活动的影响。

（3）开展清理整顿专项整治等活动，应当严格依法进行，除涉及人民群众生命安全、发生重特大事故或者举办国家重大活动，并报经有权机关批准外，不得在相关区域采取要求相关行业领域的市场主体普遍停产停业的措施。

（4）禁止将罚没收入与行政执法机关利益挂钩。

二、执行程序的履行

（1）市场监督管理部门对当事人作出罚款、没收违法所得行政处罚的，当事人应当自收到行政处罚决定书之日起十五日内，通过指定银行或电子支付系统缴纳罚款。按照《行政处罚法》第五十一条的规定当场作出行政处罚决定，有下列情形之一的，可以由办案人员当场收缴罚款。

1）依法给予一百元以下罚款的。

2）不当场收缴事后难以执行的。

3）在边远、水上、交通不便地区，按照本法第五十一条、第五十七条的规定作出的罚款决定后，当事人向指定银行或通过电子支付系统缴纳罚款确有困难，经当事人提出的。

办案人员当场收缴罚款的，必须向当事人出具国务院财政部门或者省、自治区、直辖市人民政府财政部门统一制发的专用票据。

（2）办案人员当场收缴的罚款，应当自收缴罚款之日起二日内交至所在市场监督管理部门。在水上当场收缴的罚款，应当自抵岸之日起二日内交至所在市场监督管理部门。市场监督管理部门应当在二日内将罚款缴付指定银行。

（3）当事人确有经济困难，需要延期或者分期缴纳罚款的，应当提出书面申请。经市场监督管理部门负责人批准，同意当事人延期或者分期缴纳罚款的，市场监督管理部门应当书面告知当事人延期或者分期的期限。

（4）当事人逾期不缴纳罚款的，市场监督管理部门可以每日按罚款数额的百分之三加处罚款，加处罚款的数额不得超出应缴罚款的数额。

（5）当事人在法定期限内不申请行政复议或者提起行政诉讼，又不履行行政处罚决定，且在收到催告书十日后仍不履行行政处罚决定的，市场监督管理部门可以在期限届满之日起三个月内依法申请人民法院强制执行。

第七节　行政处罚决定书的送达

一、基本原则

市场监督管理部门送达处罚决定书，应当在宣告后当场交付当事人。当事人不在场的，应当在七日内按照以下规定送达。

二、送达方式

市场监督管理部门送达执法文书，应当按照下列方式送达。

（1）直接送达的，由受送达人在送达回证上注明签收日期，并签名或者盖章，受送达人在送达回证上注明的签收日期为送达日期。受送达人是公民的，本人不在时交其同住成年家属签收；受送达人是法人或者其他组织的，应当由法人的法定代表人、其他组织的主要负责人或者该法人、组织负责收件的人签收；受送达人有代理人的，可以送交其代理人签收；受送达人已向市场监督管理部门指定代收人的，送交代收人签收。受送达人的同住成年家属、法人或者其他组织负责收件的人、代理人或者代收人在送达回证上签收的日期为送达日期。

（2）受送达人或者其同住成年家属拒绝签收的，市场监督管理部门可以邀请有关基层组织或者所在单位的代表到场，说明情况，在送达回证上载明拒收事由和日期，由送达人、见证人签名或者以其他方式确认，将执法文书留在受送达人的住所；也可以将执法文书留在受送达人的住所，并采取拍照、录像等方式记录送达过程，即视为送达。

（3）直接送达有困难的，可以邮寄送达或者委托当地市场监督管理部门代为送达。邮寄送达的，以回执上注明的收件日期为送达日期；委托送达的，受送达人的签收日期为送达日期。

（4）除行政处罚决定书外，经受送达人同意，可以采用手机短信、传真、电子邮件、即时通信账号等能够确认其收悉的电子方式送达执法文书，市场监督管理部门应当通过拍照、截屏、录音、录像等方式予以记录，手机短信、传真、电子邮件、即时通信信息等到达受送达人特定系统的日期为送达日期。

（5）受送达人下落不明或者采取上述方式无法送达的，可以在市场监督管理部门公告栏和受送达人住所地张贴公告，也可以在报纸或者市场监督管理部门门户网站等刊登公告。自公告发布之日起经过六十日，即视为送达。公告送达，应当在案件材料中载明原因和经过。在市场监督管理部门公告栏和受送达人住所地张贴公告的，应当采取拍照、录像等方式记录张贴过程。

（6）市场监督管理部门可以要求受送达人签署送达地址确认书，送达受送达人确认的地址，即视为送达。受送达人送达地址发生变更的，应当及时书面告知市场监督管理部门；未及时告知的，市场监督管理部门按原地址送达，视为依法送达。

（7）因受送达人提供的送达地址不准确、送达地址变更未书面告知市场监督管理部门，导致执法文书未能被受送达人实际接收的，直接送达的，执法文书留在该地址之日为送达之日；邮寄送达的，执法文书被退回之日为送达之日。

三、文书范本

＿＿＿＿＿＿市场监督管理局

送达回证

送达文书名称及文号	
受送达人	
送达时间	
送达地点	
送达方式	
收件人	（签名或盖章） 年　　月　　日
送达人	（签名或盖章） 年　　月　　日
见证人	（签名或盖章） 年　　月　　日
备注	

《送达回证》使用指南

《送达回证》是市场监督管理部门在送达法律文书，记载相关文书送达情况时所使用的文书。

1. 文书适用范围

根据《市场监督管理行政处罚程序暂行规定》第七十三条、第七十四条、第七十五条，市场监督管理部门在办理行政处罚案件，需要送达法律文书时，使用本文书。

2. 文书使用注意事项

（1）本文书一般适用于直接送达、留置送达和委托送达。

（2）“送达时间”应当精确到日。根据实际情况，也可精确到“××时××分”。

（3）“送达地点”栏中应当填写街道、楼栋、单元、门牌号等完整信息。

（4）“收件人”栏中应签名或盖章，并填写收件时间。“收件人”与“受送达人”不一致时，应当在“备注”栏中注明收件人的身份。

第八节　结案与归档

一、结案时效

适用一般程序的案件有以下情形之一的，办案机构应当在十五个工作日内填写结案审批表，经市场监督管理部门负责人批准后，予以结案。

（1）行政处罚决定执行完毕的。

（2）人民法院裁定终结执行的。

（3）案件终止调查的。

（4）作出以下决定的。

1）确有违法行为，但有依法不予行政处罚情形的，不予行政处罚。

2）违法事实不能成立的，不得给予行政处罚。

3）不属于市场监督管理部门管辖的，移送其他行政管理部门处理。

4）违法行为涉嫌犯罪的，移送司法机关。

（5）其他应予结案的情形。

二、材料整理

（一）基本原则

结案后，办案人员应当将案件材料按照档案管理的有关规定立卷归档。案卷归档应当一案一卷、材料齐全、规范有序。

（二）归档

（1）案卷可以分正卷、副卷。正卷按照下列顺序归档。

1）立案审批表。

2）行政处罚决定书及送达回证。

3）对当事人制发的其他法律文书及送达回证。

4）证据材料。

5）听证笔录。

6）财物处理单据。

7）其他有关材料。

（2）副卷按照下列顺序归档。

1）案源材料。

2）调查终结报告。

3）审核意见。

4）听证报告。

5）结案审批表。

6）其他有关材料。

案卷的保管和查阅，按照档案管理的有关规定执行。

三、文书范本

____________市场监督管理局

结案审批表

<table>
<tr><td>案件名称</td><td colspan="4"></td></tr>
<tr><td>立案日期</td><td></td><td>案件承办人员</td><td colspan="2"></td></tr>
<tr><td>处理决定文号</td><td></td><td>处理决定日期</td><td colspan="2"></td></tr>
<tr><td>结案情形</td><td colspan="4">□行政处罚决定执行完毕 □人民法院裁定终结执行
□案件终止调查 □不予行政处罚
□违法事实不能成立 □移送其他行政管理部门
□移送司法机关 □其他：______</td></tr>
<tr><td>行政处罚内容</td><td colspan="4"></td></tr>
<tr><td>行政处罚决定的执行方式</td><td colspan="2">□主动履行
□强制执行
□其他：______</td><td>罚没财物处置情况</td><td></td></tr>
<tr><td>案件承办人员意见</td><td colspan="4">案件承办人员：
年 月 日</td></tr>
<tr><td>承办机构负责人意见</td><td colspan="4">承办机构负责人：
年 月 日</td></tr>
<tr><td>部门负责人意见</td><td colspan="4">部门负责人：
年 月 日</td></tr>
<tr><td>备注</td><td colspan="4"></td></tr>
</table>

《结案审批表》使用指南

《结案审批表》是市场监督管理部门在结案时所使用的文书。

1. 文书适用范围

市场监督管理部门在适用一般程序办理行政处罚案件，根据《市场监督管理行政处罚程序暂行规定》第七十条予以结案时，使用本文书。

2. 文书使用注意事项

（1）填写“案件名称”栏采用“当事人姓名（名称）+违法行为性质+案”的方式表述。对于案件终止调查、违法事实不能成立、立案调查后移送其他行政管理部门和司法机关等处理决定，采用“当事人姓名（名称）+涉嫌+违法行为性质+案”的方式表述。

（2）案件终止调查或者违法事实不能成立的，不需要填写“处理决定文号”。“处理决定日期”栏中填写相应《行政处罚案件有关事项审批表》中的日期。

（3）“罚没财物处置情况”栏中应当写明罚没财物的处置时间、方式及结果。

行政处罚案件卷宗封面

全宗号	目录号	案卷号

全宗名称	________市场监督管理局		
档案类别	行政处罚案件卷宗		
案件名称			
行政处罚 （不予行政处罚） 决定书文号		办案机构	
办案日期	立案日期　　年　月　日 结案日期　　年　月　日	保管期限	
本卷共________件________页		归档号	

《行政处罚案件卷宗封面》使用指南

《行政处罚案件卷宗封面》是市场监督管理部门在行政处罚案件结案后将案件材料立卷归档时所制作的案卷封面。

1. 文书适用范围

市场监督管理部门在根据《市场监督管理行政处罚程序暂行规定》第七十一条，将案件材料立卷归档，制作、填写卷宗封面，以便于案卷归档、保管、查阅时，使用本文书。

2. 文书使用注意事项

（1）结案后，负责整理、装订案卷的工作人员应当将案件材料按照档案管理的有关规定立卷归档。案卷归档应当一案一卷、材料齐全、规范有序。案卷可以分正卷、副卷，并按照要求归档。

（2）制作本文书须符合《文书档案案卷格式》（GB/T 9705—2008）的基本要求，封面尺寸、填写方法等须规范、统一。

（3）填写“案件名称”栏采用“当事人姓名（名称）+违法行为+案”的方式表述。对于案件终止调查、违法事实不能成立、立案调查后移送司法机关等处理决定，采用“当事人姓名（名称）+涉嫌+违法行为+案”的方式表述。

（4）“行政处罚（不予行政处罚）决定书文号”栏按照《行政处罚决定书》或者《不予行政处罚决定书》发文字号填写。对于案件终止调查、违法事实不能成立、立案调查后移送司法机关等处理决定，不填写此项内容。

（5）“办案机构”是指市场监督管理部门负责承办案件的机构。

（6）“保管期限”须按照行政处罚案件档案保管期限有关规定填写具体年限，保管期限自立卷之日起计算。

（7）卷内文件情况，须写明卷内文书、文件的件数及总页数。

（8）“归档号”栏由立卷人填写。以八位阿拉伯数字表示，前四位为案件办理当年的年份号，后四位为结案案件的流水号，自“0001”号开始，一案一号，依次编号。案件跨年度办结的，前四位使用案件办理当年的年份号，后四位按当年结案案件的流水号排序。

（9）“全宗号”“目录号”“案卷号”栏由本部门档案管理部门填写。“全宗号”是档案主管部门指定给立档单位的编号。“目录号”是全宗内案卷所属目录的编号，在同一个全宗内不允许出现重复的目录号。“案卷号”是目录内案卷的顺序编号，在同一个案卷目录内不允许出现重复的案卷号，案卷号可依行政处罚决定书文号确定。

卷内文件目录

序号	文号	文件名称	日期	页号	备注

《卷内文件目录》使用指南

《卷内文件目录》是市场监督管理部门在行政处罚案件结案后，将案件材料装订成卷时记述有关案卷内材料的文书。

1. 文书适用范围

市场监督管理部门在案件结案后，将案件材料按照档案管理的有关规定立卷归档，根据《市场监督管理行政处罚程序暂行规定》第七十一条第二款、第三款，标示案卷内材料及顺序时，使用本文书。

2. 文书使用注意事项

（1）制作本文书须符合《文书档案案卷格式》（GB/T 9705—2008）的基本要求，幅面尺寸、填写方法等须规范统一。

（2）“序号”栏中使用阿拉伯数字填写。卷内文件应按照《市场监督管理行政处罚程序暂行规定》第七十一条第二款、第三款规定的顺序依次排列。发生行政复议或者行政诉讼的，行政复议答复书、行政诉讼答辩状以及行政复议决定书、行政判决书等文书材料应予归档。

（3）卷内文件有文号的，应填入“文号”栏中。

（4）写明该文件的制作、收集日期。填写时可省略“年”“月”“日”字样。以八位数字表示，前四位表示年，中间两位表示月，后两位表示日，月、日不足两位的，前面补“0”。

（5）每份文件应写明在整个案卷中的起止页号。以阿拉伯数字编写页号，空白页不编写页号。页号应逐页编制，宜分别标注在文件正面右上角或背面左上角的空白位置。

（6）“备注”栏中的填写需要说明卷内文件变化，以及需要注释说明的其他情况。

卷内备考表

本卷情况说明：

（缺损、修改、补充、部分灭失等情况）

立卷人：

检查人：

立卷时间：

《卷内备考表》使用指南

《卷内备考表》是市场监督管理部门按照档案管理的有关规定，在案件办结归档时，为记录、说明案卷内材料状况所使用的文书。

1. 文书适用范围

市场监督管理部门在案件办结归档，记录、说明案卷内材料状况时，使用本文书。

2. 文书使用注意事项

（1）制作本文书须符合《文书档案案卷格式》（GB/T 9705—2008）的基本要求，幅面尺寸、填写方法等须规范、统一。

（2）“本卷情况说明”栏中须写明有无缺损、修改、补充、部分灭失等情况。立卷后发生或者发现的问题由有关的档案管理人员填写并签名、标注时间。

（3）“立卷人”栏中由整理、装订案卷的工作人员签名，一般是指市场监督管理部门的办案人员，也可以是负责档案工作的人员。

（4）“检查人”栏中由负责检查案卷质量的审核人员签名。

（5）“立卷时间”栏中填写案卷整理完毕经审核合格予以归档的日期。

第三章
商标侵权行为的认定

第一节　基本法律依据

一、《商标法》第五十七条、五十八条的规定

第五十七条　有下列行为之一的，均属侵犯注册商标专用权：

（1）未经商标注册人的许可，在同一种商品上使用与其注册商标相同的商标的；

（2）未经商标注册人的许可，在同一种商品上使用与其注册商标近似的商标，或者在类似商品上使用与其注册商标相同或者近似的商标，容易导致混淆的；

（3）销售侵犯注册商标专用权的商品的；

（4）伪造、擅自制造他人注册商标标识或者销售伪造、擅自制造的注册商标标识的；

（5）未经商标注册人同意，更换其注册商标并将该更换商标的商品又投入市场的；

（6）故意为侵犯他人商标专用权行为提供便利条件，帮助他人实施侵犯商标专用权行为的；

（7）给他人的注册商标专用权造成其他损害的。

第五十八条　将他人注册商标、未注册的驰名商标作为企业名称中的字号使用，误导公众，构成不正当竞争行为的，依照《反不正当竞争法》处理。

二、《商标法》第六十一条的规定

对侵犯注册商标专用权的行为，市场监督管理部门有权依法查处；涉嫌犯罪的，应当及时移送司法机关依法处理。

三、《商标法》第六十条的部分规定

市场监督管理部门处理时，认定侵权行为成立的，责令立即停止侵权行为，没收、销毁侵权商品和主要用于制造侵权商品、伪造注册商标标识的工具，违法经营额五万元以上的，可以处违法经营额五倍以下的罚款，没有违法经营额或者违法经营额不足五万元的，可以处二十五万元以下的罚款。

对五年内实施两次以上商标侵权行为或者有其他严重情节的，应当从重处罚。销售不知道是侵犯注册商标专用权的商品，能证明该商品是自己合法取得并说明提供者的，由市场监督管理部门责令停止销售。

四、裁量标准

具体处罚裁量标准由各级市场监督管理部门根据国家有关法律和地方特点制定。

第二节　认定方式与标准

一、未经商标注册人的许可，在同一种商品上使用与其注册商标相同的商标的

（一）条款理解

（1）“未经商标注册人的许可”，还应包括超出商标注册人许可的类别、商品（服务）、期限等情形。

（2）“同一种商品（服务）”是指名称相同的商品（服务）以及名称不同但指同一事物的商品（服务）。

（3）有关的商标执法部门认定是否构成同一种商品（服务）、类似商品（服务）时可以参照《尼斯分类》和现行的“类似商品和服务区分表”。

（二）案例

甲在第25类服装鞋帽商标分类表上申请注册“威虎”牌商标，用作自己服装鞋帽商品的标志；乙在未经甲的同意下，私自使用“威虎”标志，并在自家商品上印制，以作销售，其已构成商标侵权（注意：①甲已经获得“威虎”商标专用权；②乙未经甲的同意擅自使用此商标并获利；③乙在第25类商品分类上使用）。

二、未经商标注册人的许可，在同一种商品上使用与其注册商标近似的商标，或者在类似商品上使用与其注册商标相同或者近似的商标，容易导致混淆的

（一）条款理解

（1）判断商标是否相同或近似，应以权利人的注册商标与涉嫌侵权商标进行比对，尤其应以权利人注册商标的主要识别部分与涉嫌侵权商标的主要识别部分进行比对，而不以权利人实际使用商标与涉嫌侵权商标进行比对。

（2）判断商品（服务）是否为同一种或类似，应以权利人注册商标核定使用的商品（服务）与涉嫌侵权的商品（服务）进行比对，而不以权利人实际使用的商品（服务）与涉嫌侵权的商品（服务）进行比对。

（3）构成“与其注册商标相同的商标”是指涉嫌侵权的商标与他人注册商标完全相同或者虽有不同，但视觉效果、听觉感知基本无差别，相关公众一般认为是相同商标的情形。

（4）构成“与其注册商标近似的商标”是指涉嫌侵权的商标与他人注册商标相比较，文字商标的字形、读音、含义近似，或图形商标的构图、着色、外形近似，或文字和图形组合商标的整体排列组合方式和外形近似，或立体商标的三维标志的形状和外形近似，或颜色组合商标的颜色或者组合近似，或声音商标的听觉感知或者整体音乐形象近似等。

（5）“混淆”包括以下情形：①使相关公众误认为涉案商品（服务）是由注册商标权利人生产或提供；②使相关公众误认为涉案商品（服务）的提供者与注册商标权利人存在投资、许可或者合作等关系。

（6）认定“容易导致混淆”的标准。商标执法相关部门应当综合考量以下因素以及因素之间的相互影响，判断是否“容易导致混淆”：①商标的近似程度；②商品或服务的类似程度；③注册商标的显著性和知名度；④商品或服务的特点及商标使用的

方式；⑤相关公众的注意程度；⑥其他相关因素。

（二）案例

（1）甲将“威虎”商标申请注册为第25类商品分类，并用在自己生产的服装鞋帽商品上；乙未经甲的同意擅自将“威虎”商标印制在自己生产的鞋垫上，并将“虎威”商标印制在自己生产的服装鞋帽商品上，使得消费者误认为“虎威”和“威虎”属同一品牌方所有，由此，给甲造成了巨大的损失。据此可知，乙侵犯了甲的商标专用权（注意：①甲已经获得“威虎”商标专用权；②乙未经甲的同意擅自使用“威虎”商标；③乙将“威虎”商标用在和鞋帽类似的商品“鞋垫”上；④乙将“虎威”用作自己产品的商标；⑤乙的做法使得消费者误认为“虎威”和“威虎”属同一品牌方生产的产品）。

（2）2010年3月25日，某县工商局接到投诉，当事人周某从某海岛啤酒有限公司购进“某岛品牌纯生”啤酒3 392件，购货款54 200元。当事人购回该批啤酒后，以每件20元的价格在该县境内批发销售了1 000件，获销货款20 000元。经某岛啤酒股份有限公司（注意与某海岛啤酒有限公司区分）投诉，该县工商局调查查明：该批啤酒实际商标名为“某风”啤酒，由某海岛啤酒有限公司委托A市生物工程有限公司加工生产，在包装装潢上未标明生产厂名、厂址，而该某海岛啤酒有限公司无生产许可证，营业执照登记资料中无生产啤酒的经营范围。某海岛啤酒有限公司在委托加工生产该批啤酒时，使用的酒瓶为某岛啤酒股份有限公司印有“某岛啤酒”注册商标和“TSING×××”英文注册商标的专用酒瓶，将“某岛品牌纯生”作为其商品名称，在瓶身标识和外包装箱上不加区别地突出使用，瓶身标识和外包装箱上所使用的标志、图案与某岛啤酒股份有限公司生产的“某岛啤酒”的图案及某岛啤酒股份有限公司注册的第3888×××号注册商标相近似，当事人周某在销售该啤酒时对外宣称是“某岛品牌纯生”啤酒，以此误导公众，使消费者误认为该批啤酒是某岛啤酒股份有限公司生产的“某岛啤酒”。当事人周某销售啤酒的行为，属《商标法》第五十七条第一款第（二）项规定的侵权行为，已侵犯了某岛啤酒股份有限公司注册的“某岛”中文商标以及“TSING×××”英文商标专用权。

（3）当事人D纸制品有限公司未经“Q风”商标注册人的许可，委托他人将自有商标“J凡”设计成在字形、排版以及颜色上与“Q风”商标近似的样子，还将使用上述“J凡”商标的包装设计成与“Q风”产品包装装潢相近似的样式。至案发，当事人销售抽纸巾的经营额已累计达78 182元。

当事人D纸制品有限公司在生产抽纸巾时，使用的自有商标“J凡”在字形、排版以及颜色上与“Q风”注册商标极其近似，体现了“Q风”注册商标的特征，容易导致混淆，侵犯了他人注册商标专用权。F市市场监督管理局对当事人作出责令立即停止侵权行为、没收侵权产品，并处罚款16万元的行政处罚决定。

三、销售侵犯注册商标专用权的商品的

（一）条款理解

明知商品侵犯他人的注册商标专用权而予以销售。

（二）案例

（1）2008年9月初，当事人王某等5人购进一批在商品包装盒上突出使用“苏××电器”字样的电饭锅共2 087件（箱），计12 522个，其中当事人已销售1 200个。以上电饭锅由在香港注册的“苏××电器股份有限公司”以及“苏××厨具集团有限公司”监制，实际由“廉江市城北腾威电器厂”等具有合法生产资格的厂家生产，这足以让消费者误认为该商品是“浙江苏××股份有限公司”生产的。由此，给“浙江苏××股份有限公司”造成重大损失（注意：①当事人经销的“廉江市城北腾威电器厂”生产的电饭锅，其商品包装盒上突出标注的“苏××”字样与“浙江苏××股份有限公司”注册商标相同；②当事人的侵权行为给“浙江苏××股份有限公司”造成了损失；③“廉江市城北腾威电器厂”生产的产品与“浙江苏××股份有限公司”注册的商标产品相同或相似；④当事人的行为已涉嫌达到追诉标准）。

（2）2018年1月9日，A市工商行政管理局下属B分局（以下简称B分局）执法人员在检查中发现，A市C商贸有限公司设立的经营点销售的运动鞋涉嫌侵犯株式会社D公司“Tiger”等系列商标专用权，供货商为A市E商贸有限公司。经查，当事人E公司与泉州F用品有限公司（以下简称F公司）签订加盟合同，代理销售株式会社D公司虎牌运动鞋。上述运动鞋鞋舌带有标识，与株式会社D公司的第69361××号商标近似；部分鞋外侧带有变形“井”字图形标识，与株式会社D公司注册的图形商标构成近似。在案件调查中，当事人主张自己不知道涉案品牌鞋是侵权商品，应根据《商标法》第六十条第二款免除责任。执法人员通过企业登记信息比对，发现当事人与F公司存在重大关联，股东之间交叉任职，且F公司曾申请注册与权利人“××虎”商标近似的商标，被商标局驳回，因此当事人主观上存在明知、应知情形，不能被免除责任。经查，当事人将D公司品牌鞋提供给15个经营主体对外销售，共收取货款

6 144 646. 64 元。上述 15 个经营主体及当事人库存共 16 277 双鞋，当事人已售出鞋的实际平均销售价格按照每双 307. 80 元计算，上述库存鞋共价值 5 010 060. 60 元，违法经营额达 11 154 707. 24 元。B 分局依法认定当事人的行为属于商标法第五十七条第（三）项规定的侵权行为，并按照《商标法》第六十条第二款的规定，责令其立即停止侵权行为，没收侵权鞋 6 687 双，并处罚款 55 773 536. 20 元。

（3）2019 年 12 月，G 省 S 市市场稽查局接到 M 公司（商事主体为 A 市 B 有限公司）投诉，称某网店在网上销售假冒 M 公司商标的外卖箱。经查，大量销售侵犯“M 外卖”注册商标专用权的外卖箱的主要是名为“C 外卖箱、送餐箱、保温箱厂”和“J 食送”的 2 家网店，负责人分别为甲和乙。执法人员对这 2 家网店的商品流通进行关联倒查，最终定位假货均来源于 S 市 X 手袋有限公司，该公司法定代表人为彭某。涉案侵权产品流向显示，上述侵权产品还通过 D 区店等 4 家网店出售，这 4 家网店负责人分别为丙、甲、丁（后 2 家网店负责人）。这 3 名人员与主要违法行为人来自同一地，应为亲属或老乡。

执法人员认为，该案为团伙违法，甲与乙为主要策划经营者，S 市 X 手袋有限公司为侵权产品的生产窝点，侵权产品生产后通过涉案人员开设的网店销售。综合前期调取的销售记录证据及现场摸排掌握的涉嫌违法团伙的人员架构、窝点情况等关键信息，2020 年 1 月 11 日，S 市市场稽查局网络稽查处联合 S 市公安局下属分局经侦支队、S 市公安局 P 派出所突击执法检查，现场控制该公司主要负责人员 3 人，生产工人近 40 人，发现一大批涉嫌侵犯“M 外卖”“E 了么”“F 鸟”等注册商标专用权的外卖箱，并在印刷车间发现 25 个印刷模具及一批已经印刷的商标标签半成品，经鉴别均为侵权假冒商品。面对当事人提供的授权委托合同、授权生产协议、产品商标注册证等文件材料，执法人员一一辨认，确认其皆为授权过期，或为协议超范围，或为授权单位与商标持有单位不一致。执法人员经仔细对比核查，确认涉案公司存在超额生产及私下销售行为。执法人员将现场发现的 3 448 个外卖箱、25 副商标印刷模具及商标半成品予以查封、扣押，主要犯罪嫌疑人甲、乙等 3 人被公安部门依法刑拘。“M 外卖”“E 了么”“F 鸟”商标均为核准注册在第 21 类商品分类上的注册商标。当事人未经商标注册人的许可，生产、销售侵犯注册商标专用权商品的行为，构成《商标法》第五十七条第（一）项、第（三）项所规定的侵权行为。鉴于涉案商品合计违法案值达 702 万元，已达到刑事案件立案追诉标准，2020 年 1 月 12 日，S 市市场稽查局依法将该案移送 S 市公安局 P 派出所侦办。2020 年 2 月 7 日，S 市 L 区人民检察院对甲、乙等3人依法核准批捕，乙因在哺乳期，被予以取保候审。

（4）2018年7月26日，J省N市T区市场监督管理局接到举报，称T区S镇298号仓库内存放大量假冒知名品牌的侵权运动鞋。执法人员立即展开取证调查。经查，当事人甲通过某微信群购入大量假冒“A达斯”“N克”“N百伦”等注册商标专用权的侵权运动鞋（拖鞋），并存放于298号仓库内，通过C市多家门店以及网店销售。因涉案金额较大且当事人极不配合，N市市场监督管理局、N市T区市场监督管理局、N市T区公安局联合开展行动，三方及时控制现场，对涉案场所全面检查，第一时间固定网络销售台账资料，同时与C市公安局同步开展突击检查，查获侵犯“A达斯”“N克”“N百伦”等注册商标专用权的70种型号运动鞋（拖鞋）共2 400双，涉案金额逾200万元。由于侵权商品涉案金额较大，涉嫌构成犯罪，2018年8月10日，N市T区市场监督管理局依法将该案移送C市公安局。

（5）2018年4月27日，G实业有限公司向执法机关举报，称当事人在C市D区某经营部销售侵犯其注册商标专用权的管材及配件系列产品。执法人员对当事人及其租赁仓库进行检查，发现仓库内存放有22种规格型号标注“LESSO联塑”字样及“G实业有限公司”等字样的管材及配件产品，经商标权利人确认属于假冒产品。经查，当事人于2018年1月从一不知姓名的业务推销员手中购进一批号称某建筑工地未使用完且标注“LESSO联塑”字样的系列管材及配件处理品。截至被查处时，当事人已销售上述标注“LESSO联塑”字样的管材及配件获销售款16 058元。当事人租赁仓库内存放待售的22种规格型号的“LESSO联塑”管材及配件商品货值金额为84 042元。“LESSO联塑”是G实业有限公司注册在第11类和第17类商品分类上的商标。2018年5月31日，执法机关认定当事人的行为构成《商标法》第五十七条第（三）项规定的侵权行为，根据《商标法》第六十条第二款以及《H省规范行政裁量权办法》第二十八条，参照有关办法和标准，对当事人作出责令立即停止上述侵权行为，没收、销毁侵权商品并罚款35万元的行政处罚决定。诉讼期过后，执法机关对没收的侵权商品按程序进行无害化销毁处置。考虑处置品有再回收利用的价值，执法机关报请价格认证中心核价，财政非税部门批准同意，由商标权利人予以回收，为财政取得非税收入2.5万元。

（6）Q市S区市场监督管理局T市场监督管理所接到举报，反映S区某诊所销售的“飘安”牌一次性使用口罩涉嫌假冒，执法人员当天依法迅速开展检查，在其经营场所发现1包已经打开的“飘安”牌一次性使用口罩，共计15个。将当事人销售的

"飘安"牌口罩的外包装名称和包装规格与商标所有权人H省飘安集团有限公司在其官方微信公众号发布的《声明函》进行比对存在明显差异，当事人也无法提供能证明该批商品是合法取得的相关证据，因此执法人员认定当事人销售非H省飘安集团有限公司生产或未经授权生产的商品，均为侵犯注册商标专用权。经过调查，该诊所行为违反了《商标法》第五十七条第（三）项和《医疗器械监督管理条例》第三十条"从事第二类医疗器械经营的，由经营企业向所在地设区的市级人民政府食品药品监督管理部门备案并提交其符合本条例第二十九条规定条件的证明资料"的规定，构成未经备案销售侵犯注册商标专用权商品违法行为。S区执法人员将当事人未销售的15只口罩实施扣押。S区市场监督管理局经过调查，根据《商标法》第六十条第二款、《医疗器械监督管理条例》第六十五条，以及《A省市场监督管理局关于依法从重从快办理新型冠状病毒感染的肺炎疫情防控期间违法案件的指导意见》，对当事人在新型冠状病毒感染的肺炎疫情防控期间销售侵犯注册商标专用权口罩的违法行为，作出罚款3万元的行政处罚决定。

四、伪造、擅自制造他人注册商标标识或者销售伪造、擅自制造的注册商标标识的

（一）条款理解

（1）"伪造"是指不经他人许可而仿照他人注册商标的图样及物质实体制造出与该注册商标标识相同的商标标识。

（2）"擅自制造"是指未经他人许可在商标印制合同规定的印数之外，又私自加印商标标识的行为（伪造的商标标识本身是假的，而擅自制造的商标标识本身是真的）。

（3）"销售伪造、擅自制造的注册商标标识"是指以此种商标标识进行买卖，既包括批发也包括零售，既包括内部销售也包括在市场上销售。

（二）案例

当事人N县某彩印包装有限公司自2016年3月开始，接受N市某办公用品有限公司的委托，印制标注其注册商标标识的成品纸盒，但未按规定填写《商标印制业务登记表》，且未按规定造册存档。至被查获时，当事人共承印前述标注有注册商标标识的纸盒10 000个，无违法所得。

当事人的上述行为，违反了《商标印制管理办法》第八条的规定，属未按规定填

写《商标印制业务登记表》并造册存档的行为。鉴于当事人 2 年内发生过相同的违法行为，N 县市场监督管理局根据《商标印制管理办法》第十一条，决定对当事人作出责令限期改正违法行为，并处罚款 10 000 元的行政处罚决定。

五、未经商标注册人同意，更换其注册商标并将该更换商标的商品又投入市场的

（一）条款理解

该条款是指权利人将一种商品上的注册商标去除，在该商品上换上另一注册商标后再出售的行为。

（二）案例

甲已经将“威虎”商标申请注册为自己的专用商标，乙通过正常途径，购进一批甲生产的商品，在未经过甲同意的情况下，将该商品上的“威虎”商标撕掉，并换成乙自己的商标，重新投入市场进行出售，由此给甲造成了一定损失（注意：①甲已经将“威虎”注册为自己的专用商标，享有注册商标专用权；②乙通过正常渠道购进甲的商品后，未经甲的同意，撕掉甲的商标，并换成乙的商标；③乙将替换商标后的商品重新投入市场进行买卖；④本侵权行为应属于反向侵权行为）。

六、故意为侵犯他人商标专用权行为提供便利条件，帮助他人实施侵犯商标专用权行为的

（1）主观条件：提供便利者必须具有协同（或协助）侵权的故意，并提供了他人侵权所需要的便利条件，帮助他人实施商标侵权行为。

（2）客观条件：以他人已经构成商标侵权为前提（如果他人商标侵权行为不成立，则不构成提供便利条件的商标侵权行为），且“便利条件”与商标侵权行为之间存在一定关联性。

（3）主观和客观条件必须同时具备，方可构成故意提供便利条件的商标侵权行为。

（4）“便利条件”是指为侵犯他人商标专用权提供仓储、运输、邮寄、印制、隐匿、经营场所、网络商品交易平台等。

（5）市场主办方、展会主办方、柜台出租人、电子商务平台等经营者怠于履行管理职责，明知或者应知其市场内经营者、参展方、柜台承租人、平台内电子商务经营

者实施商标侵权行为而不予制止的；或虽然不知情，但经商标执法相关部门通知后，仍未采取必要措施阻止商标侵权行为的。

七、给他人的注册商标专用权造成其他损害的

（一）具体表现

（1）将与他人注册商标相同或者相近似的文字注册为域名，并且通过该域名进行相关商品（服务）交易的电子商务，容易使相关公众产生误认的。

（2）经营者向相关公众提供赠品、奖品，该赠品、奖品上使用的商标标识与他人在相同或类似商品上的注册商标相同或近似，容易导致混淆的。

（3）利用回收的容器等再生资源再造自己的商品，在使用自己商标的同时未去除或遮盖原容器上的他人注册商标，容易导致混淆的。

（二）案例

2013 年 6 月至 2014 年 7 月底，当事人 L 科技有限公司在多家手机软件运营平台上使用“口袋海贼王”和“街机海贼王”字样作为游戏软件名称并提供下载安装使用。2 款游戏界面及宣传页面中使用了“口袋海贼王”和“街机海贼王”图标。消费者通过下载软件客户端可在手机上在线操作上述 2 款游戏，并可通过购买虚拟货币充值消费。L 公司共计收取游戏分成款 2 937 万元。

H 互动信息技术有限公司于 2010 年 8 月 7 日和 2010 年 3 月 21 日获得核准注册第 6240×××号和第 6240×××号海贼王图文组合商标。B 市工商局 D 分局认定当事人 L 公司违反了《商标法实施条例》第七十六条的规定，构成《商标法》第五十七条第（二）项规定的商标侵权行为。2017 年 6 月 16 日，D 工商分局根据《商标法》第六十条，责令当事人立即停止侵权行为，并处罚款 2 937 万元。

八、违反禁止使用标志的规定

（一）下列标志不得作为商标使用

（1）同中华人民共和国的国家名称、国旗、国徽、国歌、军旗、军徽、军歌、勋章等相同或者近似的，以及同中央国家机关的名称、标志、所在地特定地点的名称或者标志性建筑物的名称、图形相同的。

（2）同外国的国家名称、国旗、国徽、军旗等相同或者近似的，但经该国政府同意的除外。

（3）同政府间国际组织的名称、旗帜、徽记等相同或者近似的，但经该组织同意或者不易误导公众的除外。

（4）与表明实施控制、予以保证的官方标志、检验印记相同或者近似的，但经授权的除外。

（5）同“红十字”“红新月”的名称、标志相同或者近似的。

（6）带有民族歧视性的。

（7）带有欺骗性，容易使公众对商品的质量等特点或者产地产生误认的。

（8）有害于社会主义道德风尚或者有其他不良影响的。

县级以上行政区划的地名或者公众知晓的外国地名，不得作为商标。但是，地名具有其他含义或者作为集体商标、证明商标组成部分的除外；已经注册的使用地名的商标继续有效。

（二）案例

（1）2018 年 1 月，J 省 N 市工商行政管理局接到举报，称 J 食品有限公司在经营活动中将英国国旗的图案作为商标使用，涉嫌违反《商标法》的有关规定。N 市工商行政管理局立即立案调查。经查，当事人 J 食品有限公司自 2016 年 11 月起，经 L 有限公司授权许可，在“咖啡馆”等服务中使用第 216214××号、第 213880××号、第 213881××号以及第 109045××号等注册商标，从事奶茶经营业务。当事人为了将使用“精典泰迪的奶茶铺”等商标的产品包装成来自英国的产品，增加消费者对品牌的信任感，在经营过程中擅自在第 213880××号和第 213881××号商标的设计上添加英国国旗的图案，并在办公招商、门店经营活动中大量使用。当事人还自行设计、制作带有英国国旗图案的招商加盟网页和相关文字说明，开展网上招商加盟业务。至案发时，当事人已与他人合作在核心商业街区开设了 3 家连锁店，经营额共计 454.1 万元。行政执法机关认定当事人的行为构成《商标法》第十条第一款第（二）项所指的使用“同外国的国家名称、国旗、国徽、军旗等相同或者近似的”标志作为商标的行为，根据《商标法》第五十二条，作出责令当事人立即停止违法行为，并处罚款 31.79 万元的行政处罚决定。

（2）当事人 S 市 Y 文化发展有限公司是一家主要从事文化交流和会议会展服务的公司。自 2016 年 2 月起，在未经联合国组织授权同意的情况下，当事人在其官网、微信公众号、微博及宣传资料、报名协议等处使用联合国（United Nations）名称及其徽记，并以所谓“联合国世界青年峰会”的名义组织招募人员赴美参会，从中获得参会费等违法经营额600多万元。

当事人未经联合国授权同意，在经营活动中多处使用“联合国青年峰会”“联合国”“United Nations”字样以及包含“United Nations”字样的峰会徽记和联合国徽记，极易让公众误以为该峰会由联合国授权举办，其行为违反了《商标法》第十条第一款第（三）项的规定。S市市场监督管理局对当事人作出责令立即改正违法行为，并处罚款40万元的行政处罚决定。

（3）J市水吉市场监督管理局执法人员在Z镇一家副食品店巡查时，几包名叫“花姑娘”的麻辣块食品引起了他们的注意。包装袋上不仅印有醒目的红色“花姑娘”3个大字和1个小姑娘的形象，在右上角还打上“本田”字样，生产厂家标注为A市的一家食品厂。执法人员认为，根据我国《商标法》第十条，带有民族歧视性的文字、图形等标志不得作为商标使用。“花姑娘”麻辣块名称涉嫌违法。执法人员当即将该店待售的9件麻辣块食品全部予以暂扣。

第三节　不属于商标侵权的行为判断

一、具体表现

（1）未经商标注册人许可，使用与他人注册商标相同或近似的标识用于标示商品（服务）的通用名称、通用图形、通用型号，或标示商品（服务）的质量、主要原料、功能、用途、重量、数量及其他特点，或标示商品（服务）产地，且不会造成相关公众误认的。

（2）未经商标注册人许可，善意、合理地使用他人注册商标，客观地指示自己商品（服务）的来源、用途、服务对象及其他特性与他人的商品（服务）有关，且不会造成相关公众误认的。

二、判断标准

《商标法》第五十九条规定的正当使用他人注册商标中“含有的本商品的通用名称、图形、型号，或者直接表示商品的质量、主要原料、功能、用途、重量、数量及其他特点，或者含有地名”的，应当同时符合以下条件。

（1）使用人有自己的商标，仅是将他人注册商标的部分作为标示商品（服务）的通用名称、图形、型号、质量、主要原料、功能、用途、重量、数量、产地、地理位置，或其他特点进行使用。

（2）使用人的使用方式和他人已注册的商标的表现形式有明显区别。

（3）使用人的使用出于善意。

第四章
商标代理机构的违法行为

第一节　法律依据

一、《商标法》的规定

（一）《商标法》第十八条

申请商标注册或者办理其他商标事宜，可以自行办理，也可以委托依法设立的商标代理机构办理。外国人或者外国企业在中国申请商标注册和办理其他商标事宜的，应当委托依法设立的商标代理机构办理。

（二）《商标法》第十九条

商标代理机构应当遵循诚实信用原则，遵守法律、行政法规，按照被代理人的委托办理商标注册申请或者其他商标事宜；对在代理过程中知悉的被代理人的商业秘密，负有保密义务。委托人申请注册的商标可能存在本法规定不得注册情形的，商标代理机构应当明确告知委托人。

商标代理机构知道或者应当知道委托人申请注册的商标属于以下行为的，不得接受其委托。

（1）不以使用为目的的恶意商标注册申请。

（2）未经授权，代理人或者代表人以自己的名义将被代理人或者被代表人的商标进行注册，被代理人或者被代表人提出异议。

（3）申请商标注册损害他人现有的在先权利，以不正当手段抢先注册他人已经使用并有一定影响的商标。

商标代理机构除对其代理服务申请商标注册外，不得申请注册其他商标。

（三）商标代理机构有下列行为之一的，由市场监督管理部门进行处理

（1）办理商标事宜过程中，伪造、变造或者使用伪造、变造的法律文件、印章、签名的。

（2）以诋毁其他商标代理机构等手段招徕商标代理业务或者以其他不正当手段扰乱商标代理市场秩序的。

（3）违反《商标法》第十九条第三款和第四款规定的。

二、《商标法实施条例》的规定

（一）《商标法实施条例》第八十八条

下列行为属于《商标法》第六十八条第一款第二项规定的“以其他不正当手段扰乱商标代理市场秩序的行为”：

（1）以欺诈、虚假宣传、引人误解或者商业贿赂等方式招徕业务的；

（2）隐瞒事实，提供虚假证据，或者威胁、诱导他人隐瞒事实，提供虚假证据的；

（3）在同一商标案件中接受有利益冲突的双方当事人委托的。

（二）《商标法实施条例》第八十九条

商标代理机构有《商标法》第六十八条规定行为的，由行为人所在地或者违法行为发生地县级以上市场监督管理部门进行查处，并将查处情况通报国家知识产权局。

三、《商标代理管理办法》（征求意见稿）的规定

（一）办理商标事宜过程中，伪造、变造或者使用伪造、变造的法律文件、印章、签名的行为

（1）伪造、变造国家机关公文、印章的。

（2）伪造、变造国家机关之外其他单位的文件、印章的。

（3）伪造、变造签名的。

（4）知道或者应当知道属于伪造、变造的公文、文件、印章、签名而使用的。

（5）其他构成伪造、变造或者使用伪造、变造的法律文件、印章、签名的。

（二）以诋毁其他商标代理机构等手段招徕商标代理业务的行为

（1）编造、传播虚假信息或者误导性信息，损害其他商标代理机构的商业声

誉的。

（2）教唆、帮助他人编造、传播虚假信息或者误导性信息，损害其他商标代理机构的商业声誉的。

（3）虚构事实向主管部门投诉其他商标代理机构的。

（4）其他构成以诋毁其他商标代理机构手段招徕商标代理业务的。

（三）以欺诈、虚假宣传、引人误解或者商业贿赂等方式招徕业务的行为

（1）与他人恶意串通或者虚构事实，诱骗委托人委托其办理商标事宜的。

（2）以承诺结果、担保注册等形式误导委托人，夸大自身受托办理商标事宜成功率的。

（3）伪造或者变造荣誉、认证，欺骗社会公众的。

（4）以盗窃、贿赂、欺诈、胁迫或者其他不正当手段获取商标信息，或者披露、使用、允许他人使用以前述手段获取的商标信息，以谋取交易机会或者竞争优势的。

（5）以向当事人明示或者暗示与国家及其工作人员具有特殊关系等手段，宣称可以通过非正常方式办理商标事宜，或者提高办理商标事宜成功率的。

（6）假冒市场监督管理部门和知识产权管理部门官方网站、邮箱、电话等或者以其工作人员的名义，提供虚假信息，误导公众的。

（7）违反《反不正当竞争法》规定，以给予财物或者其他手段贿赂单位或者个人，以谋取交易机会或者竞争优势的。

（8）其他构成以不正当手段招徕商标代理业务的。

（四）以其他不正当手段扰乱商标代理市场秩序的行为

（1）知道或者应当知道委托人恶意申请注册与重大公共事件相关的商标，易造成不良影响，仍接受委托的。

（2）知道或者应当知道委托人以欺诈手段或者其他不正当手段申请注册，或者委托人的商标注册申请有害于社会主义道德风尚或者有其他不良影响，仍接受委托的。

（3）代理不同的委托人申请注册相同或者类似商品或者服务上的相同商标的，但申请时在先商标已经无效的除外。

（4）帮助委托人转让恶意申请的注册商标的。

（5）隐瞒事实，提供虚假证据，或者威胁、诱导他人隐瞒事实，提供虚假证据的。

（6）对知识产权管理部门或者市场监督管理部门依法采取的检查措施，不予协助、不予配合或者拒绝、阻挠调查的。

（7）假借国家机关及其工作人员名义向当事人提供商标业务相关材料或者收取费用，谋取不正当利益的。

（8）违反以下条款的。

1）商标代理机构及其法定代表人、股东、合伙人、实际控制人、高级管理人员不得申请注册或者受让其代理服务以外的其他商标，也不得通过另行设立市场主体等其他方式变相从事上述行为。

2）商标代理从业人员不得同时在两个以上商标代理机构从事商标代理业务。

（9）其他构成以不正当手段扰乱商标代理市场秩序的。

第二节　监督检查

一、检查监督的事项

知识产权管理部门在进行检查、监督时，应当重点针对下列事项。

（1）商标代理机构年度报告的相关信息是否真实、完整、有效，与其在市场监督管理部门或者司法行政部门公示的信息是否一致。

（2）商标代理机构是否存在“因商标代理违法行为受到行政处罚，或者被决定停止受理其商标代理业务等情形，并造成严重后果、社会影响恶劣的，按照国家有关规定列入严重违法失信名单”的情形。

（3）商标代理机构建立健全商标代理管理制度情况。

二、检查监督的要求

知识产权管理部门工作人员在进行检查、监督时，应当将检查、监督的情况和处理结果予以记录，并归档保存。当事人应当配合检查、监督，接受询问，如实说明有关情况，并提供有关材料，不得拒绝、阻碍或者隐瞒。

三、检查监督的措施

知识产权管理部门工作人员在进行检查、监督时，可以采取以下措施。

（1）要求当事人提交书面意见陈述。

（2）询问有关当事人，调查与商标代理行为有关的情况。

（3）到当事人所在地进行现场调查，查阅、复制与商标代理行为有关的业务档案、合同、账簿以及其他有关材料。

（4）其他必要、合理的检查监督措施。

第三节　行政处罚

一、商标代理机构以其他不正当手段扰乱商标代理市场秩序，情节严重的

由地方知识产权管理部门进行调查，调查终结后，认为应当停止受理其商标代理业务六个月或者以上直至永久停止受理其办理商标代理业务的，应当及时向国家知识产权局和国家市场监督管理总局报送处罚决定、材料和处理建议，国家知识产权局可以进行调查并作出决定。

二、对商标代理机构的行政处罚

对构成《商标法》第六十八条第一款情形的商标代理机构，由行为人所在地或者违法行为发生地负责商标执法的部门责令其限期改正，给予警告，处一万元以上十万元以下的罚款；对直接负责的主管人员和其他直接责任人员给予警告，处五千元以上五万元以下的罚款；构成犯罪的，依法追究刑事责任。

三、永久停止受理业务的其他法律后果

国家知识产权局作出永久停止受理商标代理机构办理商标代理业务的决定后，自决定作出之日起三年内或者商标代理机构未妥善处理尚未办结的商标代理业务的，该商标代理机构法定代表人、股东、合伙人不得在商标代理机构新任法定代表人、股东、合伙人。

四、违反备案管理和未妥善办结业务的处理

（1）从事商标代理业务的商标代理机构，未依法办理备案、变更备案或者注销备

案，未妥善处理尚未办结的商标代理业务，或者未及时向委托人送交法律文书和材料，损害委托人利益或者扰乱商标代理市场秩序的，由国家知识产权局予以公开通报，并记入其信用档案。

（2）商标代理机构有上述行为的，由行为人所在地或者违法行为发生地负责商标执法的部门根据情节给予警告、罚款等行政处罚。有违法所得的，可以处违法所得三倍最高不超过三万元的罚款；没有违法所得的，可以处一万元以下的罚款。

第四节　裁量标准

一、《商标法》第六十八条的规定

商标代理机构有下列行为之一的，由市场监督管理部门责令限期改正，给予警告，处一万元以上十万元以下的罚款；对直接负责的主管人员和其他直接责任人员给予警告，处五千元以上五万元以下的罚款；构成犯罪的，依法追究刑事责任。

（1）办理商标事宜过程中，伪造、变造或者使用伪造、变造的法律文件、印章、签名的。

（2）以诋毁其他商标代理机构等手段招徕商标代理业务或者以其他不正当手段扰乱商标代理市场秩序的。

（3）违反本法第四条、第十九条第三款和第四款规定的。

二、《规范商标申请注册行为若干规定》第三条、第四条、第十三条的规定

第三条　申请商标注册应当遵循诚实信用原则，不得有下列行为。

（1）属于《商标法》第四条规定的不以使用为目的恶意申请商标注册的。

（2）属于《商标法》第十三条规定，复制、摹仿或者翻译他人驰名商标的。

（3）属于《商标法》第十五条规定，代理人、代表人未经授权申请注册被代理人或者被代表人商标的；基于合同、业务往来关系或者其他关系明知他人在先使用的商标存在而申请注册该商标的。

（4）属于《商标法》第三十二条规定，损害他人现有的在先权利或者以不正当手段抢先注册他人已经使用并有一定影响的商标的。

（5）以欺骗或者其他不正当手段申请商标注册的。

（6）其他违反诚实信用原则，违背公序良俗，或者有其他不良影响的。

第四条　商标代理机构应当遵循诚实信用原则。知道或者应当知道委托人申请商标注册属于下列情形之一的，不得接受其委托。

（1）属于《商标法》第四条规定的不以使用为目的恶意申请商标注册的。

（2）属于《商标法》第十五条规定的。

（3）属于《商标法》第三十二条规定的。

第十三条　对违反本规定第四条的商标代理机构，依据《商标法》第六十八条的规定，由行为人所在地或者违法行为发生地县级以上市场监督管理部门责令限期改正，给予警告，处一万元以上十万元以下的罚款；对直接负责的主管人员和其他直接责任人员给予警告，处五千元以上五万元以下的罚款；构成犯罪的，依法追究刑事责任。情节严重的，知识产权管理部门可以决定停止受理该商标代理机构办理商标代理业务，予以公告。

第五节　违法案例指引

一、以其他不正当手段扰乱商标代理市场秩序的行为

（一）隐瞒事实，提供虚假证据，或者威胁、诱导他人隐瞒事实，提供虚假证据的行为

（1）案例

S知识产权商标代理公司隐瞒其没有专利代理资质的事实，私自承接专利业务，同时办了一个假的营业执照，上面包括“实用新型专利、外观专利、专利申请复审代理，请求专利权无效代理”“S知识产权商标代理公司商标专利认证荣誉证书申请”等内容，并以此作为自己具有专利代理资质的证据，向他人宣传。王某有1项专利需要书写和代理申请，找到了该公司，以1 500元的价格签订了代理合同，期间该公司员工李某发现了该公司虚假的事实，想要辞职，该公司经营者遂以工资要挟，威胁李某继续待在该公司且不能说出真相，同时继续开展专利代理业务。

（2）案例讲解

1）该公司没有专利代理资质。

2）该公司隐瞒其没有专利代理资质的事实。

3）该公司对外谎称其有专利代理资质，并办理了假的营业执照。

4）该公司威胁员工李某继续帮助该公司隐瞒事实。

5）王某相信了该公司出具的一系列证据，进而与其签订了合同。

6）王某遭受损失与该公司的隐瞒之间有因果关系。

（二）在同一商标案件中接受有利益冲突的双方当事人委托的行为

（1）案例

Z 知识产权代理公司代理一起请求商标专用权无效的案件，案件一方当事人甲找到该公司请求代理，该公司同意，并与甲订立了代理合同，且指定了代理人。第二天，该案件的另一方当事人乙也找到了该公司，请求代理该案件，该公司在明确知道双方互为利益冲突主体的情况下，同意代理，并指定了代理人。案件审理中，当事人乙败诉，后来乙知道了该公司同时也是甲的代理公司。

（2）案例讲解

1）该公司代理的双方是在同一商标案件中有利益冲突的当事人。

2）该公司明确知晓双方是案件的当事人。

3）案件双方一方获利，一方受损失。

4）该公司与当事人乙受损失之间有因果关系。

（三）以欺诈、虚假宣传、引人误解或者商业贿赂等方式招徕业务的行为

（1）案例一

L 海基业科技有限公司受 B 公司委托，代理商标的注册申请。在该商标取得《商标注册申请受理通知书》，尚未进入公告期前，L 海基业科技有限公司以可为 B 公司解决商标异议和获取不分类别、全球保护、有效期为 50 年的商标专用权为由，诱导 B 公司签订商标代理服务合同，收取 35 000 元费用。

（2）案例一讲解

L 海基业科技有限公司的上述行为，违反了《商标法》第六十八条第一款第（二）项和《商标法实施条例》第八十八条第（一）项的规定，属于以欺诈、虚假宣传、引人误解等方式招徕业务，已构成以不正当手段扰乱商标代理市场秩序的违法行为。根据《商标法》第六十八条第一款第（二）项，相关市场监督管理部门责令当事人限期改正违法行为，并作出警告，并处罚款 10 万元的行政处罚决定。

（3）案例二

B 高峰达国际知识产权代理有限公司在其设立的网站上宣传有“专利”“高峰达专利服务资讯”“八步轻松获取专利证书享受专利保护”“申请专利，首选高峰达”“专利申请代理服务”“实用新型专利、外观专利、专利申请复审代理，请求专利权无效代理”“B 高峰达国际知识产权代理有限公司商标专利认证荣誉证书申请”等内容，但是，当事企业不具备从事专利代理业务的资质。

（4）案例二讲解

1）当事企业实施了欺诈、虚假宣传、引人误解等行为。

2）当事企业实施宣传行为的目的是为了招徕业务。

3）当事企业不具备他们自己所宣传的资质。

4）对方当事人相信了当事企业的宣传内容，并遭受损失。

5）当事人遭受损失与当事企业的违法行为之间具有因果关系。

二、违法代理申请注册商标的行为

B 市 C 区市场监督管理局于 2020 年 3 月 7 日对 Y 达国际知识产权代理有限公司的涉嫌违法行为进行立案调查，最终认定 Y 达国际知识产权代理有限公司作为当事人，知道或者应当知道 L 建材实业有限公司和 Z 姿美容美发用品有限公司申请注册的“火神山”“雷神山”商标违反《商标法》第三十二条的规定，仍接受 2 位申请人的委托，为申请人代理申请注册了“火神山”“雷神山”等共计 10 件商标。鉴于当事人的上述行为违反了《商标法》第十九条第三款的规定，C 区市场监督管理局作出警告，并处以 10 万元罚款的行政处罚决定，并将对 Z 姿美容美发用品有限公司、L 建材实业有限公司的违法行为移转至其属地市场监督管理部门进行进一步处理。

第五章
其他扰乱商标管理秩序的行为

第一节　违反商标注册规定

一、法律依据

（一）自然人、法人或者其他组织在生产经营活动中，对其商品或者服务需要取得商标专用权的，应当向国家知识产权局申请商标注册。不以使用为目的的恶意商标注册申请，应当予以驳回。

（二）具体行为

（1）属于《商标法》第四条规定，不以使用为目的恶意申请商标注册的。

（2）属于《商标法》第十三条规定，申请注册的商标是复制、摹仿或者翻译他人未在中国注册的驰名商标，容易导致混淆的。

（3）属于《商标法》第十五条规定，代理人或者代表人未经授权，以自己的名义申请注册被代理人或者被代表人商标的；申请人与他人具有前款规定以外的合同、业务往来关系或者其他关系，明知他人在先使用的商标存在而申请注册该商标的。

（4）属于《商标法》第三十二条规定，损害他人现有的在先权利或者以不正当手段抢先注册他人已经使用并有一定影响的商标的。

（5）以欺骗或者其他不正当手段申请商标注册的。

（6）其他违反诚实信用原则，违背公序良俗，或者有其他不良影响的。

（三）判断标准

商标注册部门在判断商标注册申请是否属于违反《商标法》第四条规定时，可以综合考虑以下因素。

（1）申请人或者与其存在关联关系的自然人、法人或者其他组织申请注册商标数量、指定使用的类别、商标交易情况等。

（2）申请人所在行业、经营状况等。

（3）申请人被已生效的行政决定或者裁定、司法判决认定曾从事商标恶意注册行为、侵犯他人注册商标专用权行为的情况。

（4）申请注册的商标与他人有一定知名度的商标相同或者近似的情况。

（5）申请注册的商标与知名人物姓名、企业字号、企业名称简称或者其他商业标识等相同或者近似的情况。

（6）商标注册部门认为应当考虑的其他因素。

二、案例指引

Z市N会展服务有限公司（简称N公司）于2012年3月14日向国家工商总局商标局申请注册第10619071号UL商标（简称诉争商标）。2013年6月21日，该商标被核准注册，核定使用商品为第25类游泳衣、足球鞋等。商标专用权期限为2013年6月21日至2023年6月20日。2014年4月11日，X商贸有限公司（简称X公司）提出对诉争商标的无效宣告申请，主要理由为：诉争商标的申请注册属于2001年《商标法》第四十一条第一款所指的以“其他不正当手段”申请注册商标，扰乱了商标注册秩序、损害了社会公共利益。2016年1月11日，商标评审委员会作出被诉裁定，诉争商标予以维持。X公司不服该被诉裁定，诉至B知识产权法院。X公司认为：第三人超出企业经营范围的正常需求，囤积大量商标，其中不乏与他人知名商标高度近似的商标，属于不正当占用公共资源的行为，符合2001年《商标法》第四十一条第一款所指的以“其他不正当手段取得注册的”情形，诉争商标依法应予以无效宣告。

第二节　滥用驰名商标标识

一、法律依据

（一）驰名商标判断

驰名商标应当根据当事人的请求，作为处理涉及商标案件需要认定的事实进行认定。认定驰名商标应当考虑下列因素。

（1）相关公众对该商标的知晓程度。

（2）该商标使用的持续时间。

（3）该商标的任何宣传工作的持续时间、程度和地理范围。

（4）该商标作为驰名商标受保护的记录。

（5）该商标驰名的其他因素。

（二）相关规定

《商标法》第十四条规定，“生产、经营者不得将‘驰名商标’字样用于商品、商品包装或者容器上，或者用于广告宣传、展览以及其他商业活动中。”

二、处罚

（一）对恶意申请商标注册的处罚

根据《商标法》第六十八条第四款，由行为人所在地或者违法行为发生地县级以上市场监督管理部门根据情节给予警告、罚款等行政处罚。

（二）对违反规定的商标代理机构的处罚

（1）根据《商标法》第六十八条，商标代理机构违反有关规定，由行为人所在地或者违法行为发生地县级以上市场监督管理部门责令限期改正，给予警告，处一万元以上十万元以下的罚款；对直接负责的主管人员和其他直接责任人员给予警告，处五千元以上五万元以下的罚款；构成犯罪的，依法追究刑事责任。情节严重的，知识产权管理部门可以决定停止受理该商标代理机构办理商标代理业务，予以公告。

（2）作出行政处罚决定的政府部门应当依法将处罚信息通过国家企业信用信息公示系统向社会公示。

三、案例指引

当事人在某商城内销售某品牌红木家具，并从2016年年初起通过某市某广告公司在一户外电子屏上发布品牌宣传广告，其广告主要内容含有“中国驰名商标”字样。另在当事人经营场所的家具价格标签上，均标有“中国驰名商标”字样。在调查过程中，当事人主动联系广告公司撤除已发布的违法广告，并对其经营场所的价格标签进行了整改。

当事人的行为涉嫌违反《商标法》第十四条第五款的规定，但鉴于当事人积极配合调查，并在调查过程中主动改正了违法行为，符合《国家工商行政管理总局关于工商行政管理机关正确行使行政处罚自由裁量权的指导意见》中减轻行政处罚的情节。根据《中华人民共和国广告法》第五十三条，承办人建议行政机关对当事人作出罚款5万元的行政处罚决定。

第三节　擅自改变商标标识

一、法律依据

《商标法》第二十四条规定，注册商标需要改变其标志的，应当重新提出注册申请。

二、处罚

《商标法》第四十九条规定，商标注册人在使用注册商标的过程中，自行改变注册商标、注册人名义、地址或者其他注册事项的，由地方市场监督管理部门责令限期改正；期满不改正的，由国家知识产权局撤销其注册商标。

第四节　违法使用集体商标、证明商标

一、法律依据

（一）管理规则

1. 集体商标的使用管理规则

（1）使用该集体商标的宗旨。

（2）使用该集体商标的商品的特定品质。

（3）使用该集体商标的手续。

（4）使用该集体商标的权利、义务。

（5）该集体商标使用人违反规则应当承担的责任。

（6）该集体商标注册人对该集体商标商品的检验监督制度。

2. 证明商标的使用管理规则

（1）使用该证明商标的宗旨。

（2）使用该证明商标的商品的特定品质。

（3）使用该证明商标的手续。

（4）使用该证明商标的权利、义务。

（5）该证明商标使用人违反规则应当承担的责任。

（6）该证明商标注册人对使用该证明商标商品的检验监督制度。

（二）其他规则

（1）集体商标注册人的成员发生变化的，注册人应当向国家知识产权局申请变更注册事项，由国家知识产权局公告。

（2）证明商标注册人许可他人使用其商标的，注册人应当在一年内报国家知识产权局备案，由国家知识产权局公告。

（3）申请转让集体商标、证明商标的，受让人应当具备相应的主体资格，并符合《商标法》《商标法实施条例》的规定。集体商标、证明商标发生移转的，权利继受人应当具备相应的主体资格，并符合《商标法》《商标法实施条例》的规定。

（4）集体商标注册人的集体成员，在履行该《集体商标使用管理规则》规定的手续后，可以使用该集体商标。

（5）集体商标不得许可非集体成员使用。

（6）凡符合证明商标使用管理规则规定条件的，在履行该证明商标使用管理规则规定的手续后，可以使用该证明商标，注册人不得拒绝办理手续。

二、处罚

（一）违反管理规则

集体商标、证明商标注册人没有对该商标的使用进行有效管理或者控制，致使该商标使用的商品达不到其使用管理规则的要求，对消费者造成损害的，由市场监督管理部门责令限期改正；拒不改正的，处以违法所得三倍以下的罚款，但最高不超过三万元；没有违法所得的，处以一万元以下的罚款。

（二）违反其他规则

违反《商标法实施条例》第六条、《集体商标、证明商标注册和管理办法》第十四条、第十五条、第十七条、第十八条、第二十条规定的，由市场监督管理部门责令限期改正；拒不改正的，处以违法所得三倍以下的罚款，但最高不超过三万元；没有违法所得的，处以一万元以下的罚款。

第二篇 地理标志

第六章
行政执法的基本规定

第一节　执法人员应了解的行政执法依据

一、实施行政处罚的基本法

1.《行政处罚法》

公民、法人或者其他组织违反行政管理秩序的行为，应当给予行政处罚的，按照《行政处罚法》的相关规定进行处罚，并由行政机关依照该法规定的程序实施。该法是执法人员实施行政处罚的最基本与核心的法律规范，主要包括以下内容。

（1）行政处罚的种类和设定。

（2）行政处罚的实施机关。

（3）行政处罚的管辖和适用。

（4）行政处罚的决定。

（5）行政处罚的执行。

2.《行政强制法》

行政强制，包括行政强制措施和行政强制执行。行政强制措施，是指行政机关在行政管理过程中，为制止违法行为、防止证据损毁、避免危害发生、控制危险扩大等，依法对公民的人身自由实施暂时性限制，或者对公民、法人或者其他组织的财物实施暂时性控制的行为。行政强制执行，是指行政机关或者行政机关申请人民法院，对不履行行政决定的公民、法人或者其他组织，依法强制履行义务的行为。行政强制的设定和实施，适用该法。该法主要包括以下内容。

（1）行政强制的种类和设定。

（2）行政强制措施实施程序。

1）一般规定。

2）查封、扣押。

3）冻结。

（3）行政机关强制执行程序。

（4）申请人民法院强制执行。

二、实施行政处罚的专门法

1.《商标法》

《商标法》用于加强商标管理，保护商标专用权，促使生产、经营者保证商品和服务质量，维护商标信誉，保障消费者和生产、经营者的利益，是商标领域行政执法的专业性认定依据。

2.《商标法实施条例》

《商标法实施条例》是对《商标法》相关规定进行的补充性解释说明，以帮助市场监督管理者细致了解《商标法》。

3.《规范商标申请注册行为若干规定》

《规范商标申请注册行为若干规定》用于规范商标申请注册行为，规制恶意商标申请，维护商标注册管理秩序。

4.《地理标志专用标志使用管理办法（试行）》

《地理标志专用标志使用管理办法（试行）》用于统一和规范地理标志专用标志使用。

5.《地理标志产品保护规定》

《地理标志产品保护规定》用于规范地理标志产品名称和地理标志专用标志的使用，保证地理标志产品的质量和特色。

6.《集体商标、证明商标注册和管理办法》

集体商标、证明商标的注册和管理，按照《商标法》《商标法实施条例》《集体商标、证明商标注册和管理办法》的有关规定进行。

7.《国外地理标志产品保护办法》

《国外地理标志产品保护办法》用于保护在中国销售的国外地理标志产品以及规范国外地理标志产品名称和专用标志在我国的使用行为。

三、市场监督管理机关行政处罚程序的相关规定

1.《市场监督管理行政处罚程序暂行规定》

《市场监督管理行政处罚程序暂行规定》用于规范市场监督管理行政处罚程序，保障市场监督管理部门依法实施行政处罚，保护自然人、法人和其他组织的合法权益，是行政处罚在市场监督管理领域的具体实施依据。

2.《市场监管部门执法音像记录工作规定（试行）》

《市场监管部门执法音像记录工作规定（试行）》用于规范在市场监督管理过程中的执法音像记录与相关证据的收集行为。

3.《市场监管总局关于规范市场监督管理行政处罚裁量权的指导意见》

《市场监管总局关于规范市场监督管理行政处罚裁量权的指导意见》用于规范市场监督管理行政处罚行为，保障市场监督管理部门依法行使行政处罚裁量权，保护自然人、法人和其他组织的合法权益。该意见包括以下三个方面的内容。

（1）行政处罚裁量权行使原则。

（2）建立健全行政处罚裁量基准制度。

（3）行政处罚裁量权的适用规则。

特别注意：该意见及按照该意见制定的行政处罚裁量基准，可以作为行政处罚决定说理的内容，不得直接作为行政处罚的法律依据。行政处罚决定的内容与裁量基准规定不一致的，应当在案件调查终结报告中作出说明。

4.《市场监督管理行政处罚听证暂行办法》

《市场监督管理行政处罚听证暂行办法》用于规范在市场监督管理过程中涉及听证的问题。

5.《行政执法机关移送涉嫌犯罪案件的规定》

《行政执法机关移送涉嫌犯罪案件的规定》涉及行政执法机关移送案件的条件、材料、程序以及违反该规定所应当接受的处罚等。

四、一般性执法裁判标准

1.《商标侵权判断标准》

《商标侵权判断标准》对商标侵权行为所涉及的各种形态的认定进行详细解释说明，帮助市场监督管理者更好地认定商标侵权行为。

2.《规范商标注册行为的若干规定》

《规范商标注册行为的若干规定》对商标注册行为所涉及的程序等问题进行详细解释说明，帮助市场监督管理者更好地了解商标注册的过程。

3.“类似商品和服务区分表”

“类似商品和服务区分表”是按照《商标注册用商品和服务国际分类》的原则和标准，结合中国国情制定的，可以为市场监督管理者在判断相同或近似的商标种类时提供依据。

第二节　行政执法资格

一、行政执法人员的有关规定

（1）行政执法人员必须符合下列条件。

1）行政执法机关或授权组织的工作人员。

2）年满十八周岁且具有高中以上文化程度。

3）没有受过刑事处罚或开除公职的行政处分。

4）已经取得专项行政执法资格。

5）法律、法规和规章规定的其他条件。

（2）行政执法人员的符合条件由所在行政执法机关和授权组织负责审查认定。

（3）从事行政执法工作的人员必须参加统一的行政执法资格考试，成绩合格，方可取得专项行政执法资格。行政执法资格考试成绩合格的，由省级人民政府法制工作部门授予专项行政执法资格并发放资格证书。

二、执法资质的取得、使用与吊销

（1）行政执法人员应持证上岗。

（2）行政执法人员执行公务活动时，应当主动出示行政执法证件。

（3）行政执法人员应当妥善保管行政执法证件，不得涂改、损毁或者转借他人。

（4）吊销行政执法证件，取消行政执法资格的具体情况由各地方省级人民政府法制机构规定。

三、行政执法人员回避制度

（1）市场监督管理部门实施行政处罚实行回避制度。参与案件办理的有关人员与当事人有直接利害关系的，应当回避。

（2）市场监督管理部门主要负责人的回避，由市场监督管理部门负责人集体讨论决定；市场监督管理部门其他负责人的回避，由市场监督管理部门主要负责人决定；其他有关人员的回避，由市场监督管理部门负责人决定。

第三节　行政处罚的种类与实施

一、行政处罚的种类

（1）警告、通报批评。

（2）罚款、没收违法所得、没收非法财物。

（3）暂扣许可证件、降低资质等级、吊销许可证件。

（4）限制开展生产经营活动、责令停产停业、责令关闭、限制从业。

（5）行政拘留。

（6）法律、行政法规规定的其他行政处罚。

二、行政处罚的实施

（1）行政处罚由具有行政处罚权的行政机关在法定职权范围内实施。

（2）国务院或者省、自治区、直辖市人民政府可以决定一个行政机关行使有关行政机关的行政处罚权，但限制人身自由的行政处罚权只能由公安机关和法律规定的其他机关行使。

（3）法律、法规授权的具有管理公共事务职能的组织可以在法定授权范围内实施行政处罚。

（4）行政机关按照法律、法规或者规章的规定，可以在其法定权限内书面委托符合《行政处罚法》第二十一条规定条件的组织实施行政处罚。行政机关不得委托其他组织或者个人实施行政处罚。委托行政机关对受委托组织实施行政处罚的行为应当负责监督，并对该行为的后果承担法律责任。

第四节　案件管辖权的确定

一、普通管辖

（1）行政处罚由违法行为发生地的县级以上市场监督管理部门管辖。法律、行政法规另有规定的除外。

（2）县级、设区的市级市场监督管理部门依职权管辖本辖区内发生的行政处罚案件，法律、法规或者规章规定由省级以上市场监督管理部门管辖的除外。

（3）县级市场监督管理部门派出机构在县级市场监督管理部门确定的权限范围内以县级市场监督管理部门的名义实施行政处罚，法律、法规或者规章授权以派出机构名义实施行政处罚的除外。

（4）县级以上市场监督管理部门可以在法定权限内委托符合《行政处罚法》规定条件的组织实施行政处罚。受委托组织在委托范围内，以委托行政机关名义实施行政处罚；不得再委托其他任何组织或者个人实施行政处罚。

二、特殊管辖

（1）对当事人的同一违法行为，两个以上市场监督管理部门都有管辖权的，由先立案的市场监督管理部门管辖。

（2）两个以上市场监督管理部门因管辖权发生争议的，应当自发生争议之日起七个工作日内协商解决；协商不成的，报请共同的上一级市场监督管理部门指定管辖。

（3）市场监督管理部门发现所查处的案件不属于本部门管辖的，应当将案件移送有管辖权的市场监督管理部门。受移送的市场监督管理部门对管辖权有异议的，应当报请共同上一级市场监督管理部门指定管辖，不得再自行移送。

（4）上级市场监督管理部门认为必要时，可以直接查处下级市场监督管理部门管辖的案件，也可以将本部门管辖的案件交由下级市场监督管理部门管辖。法律、法规或者规章明确规定案件应当由上级市场监督管理部门管辖的，上级市场监督管理部门不得将案件交由下级市场监督管理部门管辖。

（5）下级市场监督管理部门认为依法由其管辖的案件存在特殊原因，难以办理的，可以报请上一级市场监督管理部门管辖或者指定管辖。

（6）报请上一级市场监督管理部门管辖或者指定管辖的，上一级市场监督管理部门应当在收到报送材料之日起七个工作日内确定案件的管辖部门。

（7）市场监督管理部门发现所查处的案件属于其他行政管理部门管辖的，应当依法移送其他有关部门。

（8）市场监督管理部门发现违法行为涉嫌犯罪的，应当按照有关规定将案件移送司法机关。

三、文书范本

____________市场监督管理局

指定管辖通知书

____市监____字〔____〕____号

________________、________________市场监督管理局：

关于____一案管辖权问题，经本局研究决定：指定该案由____________市场监督管理局管辖。请你们接到此通知后及时办理相关材料的移交手续。

__________市场监督管理局

（印章）

年　　月　　日

本文书一式____份，____份送达，一份归档，__________。

《指定管辖通知书》使用指南

《指定管辖通知书》是上级市场监督管理部门在指定下级市场监督管理部门对具体案件行使管辖权时所使用的文书。

1. 文书适用范围

下级市场监督管理部门报请上级市场监督管理部门管辖或者指定管辖，上级市场监督管理部门在根据《市场监督管理行政处罚程序暂行规定》第十五条作出指定管辖决定时，使用本文书。

2. 文书使用注意事项

（1）下级市场监督管理部门可以根据《市场监督管理行政处罚程序暂行规定》第十二条、第十三条、第十四条第二款报请上级市场监督管理部门管辖或者指定管辖。

当下级市场监督管理部门根据《市场监督管理行政处罚程序暂行规定》第十四条第二款报请管辖或者指定管辖时，上级市场监督管理部门仍决定由提出报请的市场监督管理部门管辖的，不适用本文书。

（2）使用本文书须填报《行政处罚案件有关事项审批表》，经市场监督管理部门负责人批准后制发。

（3）本文书须分别送达有关下级市场监督管理部门，并归档。

第七章
执法程序

第一节　执法的启动

一、确定案源

（一）举报与投诉

（1）当事人发现自己的注册商标专用权被侵犯，可以向“全国 12315 平台”投诉或举报。

（2）市场监督管理部门依据监督检查职权或者通过投诉、举报、其他部门移送、上级交办等途径发现违法行为线索。

（3）有下列情形之一的举报与投诉不予受理。

1）被投诉人或被举报人不明确的。

2）所举报或投诉的侵权事实不清楚的。

3）超出本级市场监督管理部门区域管辖范围的。

4）投诉人就同一事实已向人民法院提起民事诉讼的。

（二）举报的书面材料

（1）投诉书。投诉人须在投诉书上列明被投诉人、被投诉人地址、侵权事实、投诉要求、法律依据，以及投诉人姓名或名称、地址、联系电话、投诉日期、代理人等相关文件。

（2）营业执照。投诉人交营业执照复印件的须加盖原发照机关公章。

（3）商标注册证。投诉人交商标注册证复印件的须经商标所有人所在地的县级以上市场监督管理部门或者商标所有人加盖公章。

（4）侵权证据。侵权证据包括侵权实物、商标标识、有关票据或照片（含电子证据）等。

（三）文书范本

______市场监督管理局

案件来源登记表

登记号：

<table>
<tr><td colspan="2">登记时间</td><td colspan="5">年　月　日　时　分</td></tr>
<tr><td colspan="2">来源分类</td><td colspan="5">□监督检查　□投诉、举报
□其他部门移送　□上级交办　□其他：______</td></tr>
<tr><td rowspan="10">案源提供人</td><td rowspan="2">监督检查人</td><td colspan="2">姓名</td><td></td><td>所属单位</td><td></td></tr>
<tr><td colspan="2">姓名</td><td></td><td>所属单位</td><td></td></tr>
<tr><td rowspan="5">投诉人、举报人</td><td rowspan="2">单位</td><td>名称</td><td colspan="3"></td></tr>
<tr><td colspan="2">法定代表人（负责人）</td><td colspan="2"></td></tr>
<tr><td>个人</td><td>姓名</td><td></td><td>身份证（其他有效证件）号码</td><td></td></tr>
<tr><td colspan="2">联系电话</td><td></td><td>其他联系方式</td><td></td></tr>
<tr><td colspan="2">联系地址</td><td colspan="3"></td></tr>
<tr><td rowspan="3">移送、交办部门</td><td colspan="2">名称</td><td colspan="3"></td></tr>
<tr><td colspan="2">联系人</td><td></td><td>联系电话</td><td></td></tr>
<tr><td colspan="2">联系地址</td><td colspan="3"></td></tr>
<tr><td rowspan="3">当事人</td><td>名称（姓名）</td><td colspan="5"></td></tr>
<tr><td>住所（住址）</td><td colspan="5"></td></tr>
<tr><td>联系电话</td><td colspan="3"></td><td>其他联系方式</td><td></td></tr>
<tr><td>案源登记内容</td><td colspan="6">登记人：
年　月　日</td></tr>
<tr><td>案源处理意见</td><td colspan="6">办案机构负责人：
年　月　日</td></tr>
<tr><td>备注</td><td colspan="6"></td></tr>
</table>

《案件来源登记表》使用指南

《案件来源登记表》是市场监督管理部门在对行政处罚案件来源及有关基本情况进行登记时所使用的文书。

1. 文书适用范围

市场监督管理部门办案机构在根据《市场监督管理行政处罚程序暂行规定》第十七条第一款，对依据监督检查职权或者通过投诉、举报、其他部门移送、上级交办等途径发现的违法行为线索进行登记时，使用本文书。

2. 文书使用注意事项

（1）“登记号”可以是按年度划分的流水号。

（2）“登记时间”是办案机构发现违法行为线索或者收到投诉、举报材料后，登记人员进行登记的时间。

（3）“来源分类”栏中根据实际情况填写。办案机构所在单位依据监督检查职权（包括随机抽查、监督抽检等）发现违法行为线索的，选择“监督检查”；办案机构所在单位在投诉处理中发现违法行为线索的，或者收到违法行为线索举报的（包括“全国12315平台”等系统分送的情形），选择“投诉、举报”；由其他部门移送违法行为线索的，选择“其他部门移送”；上级指定管辖或者交办的违法行为线索，选择“上级交办”。

（4）“监督检查人”“投诉人、举报人”“移送、交办部门”三栏内容，登记人根据实际情况填写。对于投诉人、举报人不愿留下姓名或者要求保密，以及声明其提交材料的可靠程度等内容，应当在“备注”栏中注明。

（5）“当事人”栏下的“名称（姓名）”栏中，根据实际情况填写单位名称、个体工商户字号名称、经营者姓名及个人姓名。

（6）“案源登记内容”栏中应当简明记载案源基本情况，包括案源所反映的涉嫌违法主体、行为发生时间、地点等基本情况。“登记人”一般为办案机构的工作人员。

（7）“办案机构负责人”可根据不同情况在“案源处理意见”栏中签署意见，意见应当具体明确。若需要核查，应指定至少两名核查人员。

二、执法检查

（一）依据

《商标法》第六十一条规定，对侵犯注册商标专用权的行为，市场监督管理部门有权依法查处；涉嫌犯罪的，应当及时移送司法机关依法处理。

（二）职权范围

《商标法》第六十二条规定，县级以上市场监督管理部门根据已经取得的违法嫌疑证据或者举报，对涉嫌侵犯他人注册商标专用权的行为进行查处时，可以行使下列职权。

（1）询问有关当事人，调查与侵犯他人注册商标专用权有关的情况。

（2）查阅、复制当事人与侵权活动有关的合同、发票、账簿以及其他有关资料。

（3）对当事人涉嫌从事侵犯他人注册商标专用权活动的场所实施现场检查。

（4）检查与侵权活动有关的物品；对有证据证明是侵犯他人注册商标专用权的物品，可以查封或者扣押。

市场监督管理部门依法行使前款规定的职权时，当事人应当予以协助、配合，不得拒绝、阻挠。

三、立案

（一）立案审查

1. 立案材料

立案应当填写立案审批表，同时附上相关材料（投诉材料、申诉材料、举报材料、上级机关交办或者有关部门移送的材料、当事人提供的材料、监督检查报告、已核查获取的证据等），由县级以上市场监督管理部门负责人批准，办案机构负责人指定两名以上执法人员负责调查处理。

立案审查机构接到办案机构的审查材料后，应当予以登记，并指定具体承办人员负责审查工作。

2. 立案审查的主要内容

（1）所立案件是否具有管辖权。

（2）当事人的基本情况是否清楚。当事人是自然人的，应当要求其提交本人的有效身份证件复印件或有效的个体工商户营业执照副本复印件，并与原件进行核对；当事人是法人或者其他组织的，应当提交以下材料，并与原件进行核对：①加盖本单位公章的法人证书复印件或者有效营业执照副本复印件；②单位法定代表人或负责人的身份证明。

（3）相关材料是否齐全、完整。材料包括投诉书、营业执照、商标注册证、侵权证据等。

（4）案件事实是否清楚，证据是否充分。证据包括商标权人主体资格的证明、商标权利证书（如果是驰名商标，须提供驰名商标认证书；如果是国际商标注册，则须由国家知识产权局发布该国际注册在中国有效的证明）、侵权商品实物或照片、人证、视听证据等。

3. 立案时限

市场监督管理部门对依据监督检查职权或者通过投诉、举报、其他部门移送、上级交办等途径发现的违法行为线索，应当自发现线索或者收到材料之日起十五个工作日内予以核查，由市场监督管理部门负责人决定是否立案；特殊情况下，经市场监督管理部门负责人批准，可以延长十五个工作日。法律、法规或者规章另有规定的除外。

检测、检验、检疫、鉴定等所需的时间，不计入上述规定期限。

4. 立案审批

符合以下审查立案条件的，予以审批立案，并指定执法人员。

（1）投诉人具备投诉资格。

（2）投诉人提交的投诉材料齐全。

（3）投诉人投诉的事实构成商标侵权。

5. 不予立案与审批

（1）不予立案的理由包括以下几种。

1）商标权利不确定。

2）没有明确的投诉对象。

3）主要证据不具备。

4）代理权限不明确。

5）已就有关事实向人民法院起诉。

6）不是一案一投。

7）侵权事实不成立。

（2）对于不予立案的投诉举报，经市场监督管理部门负责人批准后，由办案机构将结果告知具名的投诉人、举报人。市场监督管理部门应当将不予立案的相关情况作书面记录留存。

（二）文书范本

<table>
<tr><td colspan="6">________市场监督管理局
立案/不予立案审批表</td></tr>
<tr><td rowspan="6">当事人</td><td rowspan="3">单位</td><td>名称</td><td colspan="3"></td></tr>
<tr><td colspan="2">统一社会信用代码</td><td colspan="2"></td></tr>
<tr><td colspan="2">法定代表人（负责人）</td><td colspan="2"></td></tr>
<tr><td rowspan="2">个体工商户或个人</td><td>字号名称</td><td></td><td>统一社会信用代码（注册号）</td><td></td></tr>
<tr><td>姓名</td><td></td><td>身份证（其他有效证件）号码</td><td></td></tr>
<tr><td colspan="2">住所（住址）</td><td colspan="3"></td></tr>
<tr><td colspan="2">案由</td><td colspan="4"></td></tr>
<tr><td colspan="2">案源登记时间</td><td colspan="4"></td></tr>
<tr><td colspan="2">核查情况及立案（不予立案）理由</td><td colspan="4">经办人：
年　月　日</td></tr>
<tr><td colspan="2">办案机构负责人意见</td><td colspan="4">办案机构负责人：
年　月　日</td></tr>
<tr><td colspan="2">部门负责人意见</td><td colspan="4">部门负责人：
年　月　日</td></tr>
<tr><td colspan="2">备注</td><td colspan="4"></td></tr>
</table>

《立案/不予立案审批表》使用指南

《立案/不予立案审批表》是市场监督管理部门在对案件拟作出立案或者不予立案决定，由办案机构提请市场监督管理部门负责人审批时所使用的文书。

1. 文书适用范围

市场监督管理部门在根据《市场监督管理行政处罚程序暂行规定》第十七条第一款，对违法行为线索的核查情况决定立案或者不予立案时，使用本文书。

2. 文书使用注意事项

（1）市场监督管理部门在具体使用本文书的过程中，应在标题及正文中对立案或者不予立案的情形进行选择。

（2）当事人有主体资格证照的，按照当事人主体资格证照记载事项填写统一社会信用代码、法定代表人（负责人）、住所（住址）等信息。当事人是个体工商户且有字号的，以字号名称作为当事人名称，同时填写经营者姓名、身份证（其他有效证件）号码。当事人主体资格证照未加载统一社会信用代码的，填写注册号或者其他编号。

（3）填写“案由”栏采用“涉嫌+违法行为性质+案”的方式表述。不予立案的，不填写“案由”。

（4）提交审批时，应当附《案件来源登记表》和核查取得的材料。移送的案件，还应当附移送机关移送的材料；上级交办的案件，还应当附上级的交办文书；投诉、举报案件，还应当附投诉、举报记录等相关材料。

（5）“核查情况及立案（不予立案）理由”栏中要写明涉嫌违法行为、涉嫌违反的法律规定，以及立案或者不予立案的建议并说明理由。

（6）办案机构负责人建议立案的，应当指定两名以上办案人员负责调查处理。

（7）“备注”栏中可填写经市场监督管理部门负责人审批后发放的立案或者不予立案编号。

四、调查取证

（一）基本原则

（1）办案人员应当全面、客观、公正、及时地调查案件，收集、调取证据，并按照法律、法规、规章的规定进行检查。

（2）首次向当事人收集、调取证据的，应当告知其享有陈述权、申辩权以及申请回避的权利。

（3）市场监督管理部门及参与案件办理的有关人员对调查过程中知悉的国家秘密、商业秘密和个人隐私应当依法保密。

（二）取证执法规范

（1）办案人员不得少于两人，并应当向当事人或有关人员出示有效执法证件。

（2）办案人员应做到用语规范、举止文明。

（3）办案人员向当事人告知执法依据和当事人应有的权利、义务，并保障当事人的合法权利。

（4）办案人员如与当事人有直接利害关系，应当回避。

（5）办案人员不得滥用职权，干扰或影响有关单位和个人的正常生产经营活动。

（6）办案人员为有关单位和个人保守商业秘密和个人隐私。

（三）取证措施

市场监督管理部门依法行使规定的职权时，当事人应当予以协助、配合，不得拒绝、阻挠。

在调查取证中，办案人员可采取下列措施。

（1）询问有关当事人，调查与侵犯他人注册商标专用权有关的情况。

（2）查阅、复制当事人与侵权活动有关的合同、发票、账簿以及其他有关资料。

（3）对当事人涉嫌从事侵犯他人注册商标专用权活动的场所实施现场检查。

（4）检查与侵权活动有关的物品；对有证据证明是侵犯他人注册商标专用权的物品，可以查封或者扣押。

（5）法律、法规或者规章规定的其他措施。

（四）取证内容

办案人员应当依法收集与案件有关的证据。证据包括以下几种。

（1）书证。

（2）物证。

（3）视听资料。

（4）电子数据。

（5）证人证言。

（6）当事人陈述。

（7）鉴定意见。

（8）勘验笔录、现场笔录。

立案前核查或者监督检查过程中依法取得的证据材料，可以作为案件的证据使用。对于移送的案件，移送机关依职权调查收集的证据材料，可以作为案件的证据使用。

（五）证据固定

1. 书面证据

（1）办案人员询问当事人或者证人，应制作询问笔录等文书。询问应当个别进行并制作笔录，询问笔录应当交被询问人核对。对阅读有困难的，办案人员应当向其宣读；笔录如有差错遗漏，办案人员应当允许其更正或者补充。涂改部分应当由被询问人签名、盖章或者以其他方式确认。经核对无误后，由被询问人在笔录上逐页签名、盖章或者以其他方式确认。办案人员应当在笔录上签名。

（2）办案人员向有关单位和个人调取书证物证，应制作调取证据通知书、证据登记保存清单等文书。

（3）办案人员进行现场检查（勘验）等，应制作现场检查（勘验）笔录等文书。

（4）办案人员采用抽查取样方式，应制作抽查取样通知书及物品清单等文书。

（5）办案人员听取当事人陈述和申辩，应制作权利告知书，陈述、申辩笔录等文书。

2. 视听证据

（1）办案人员收集、调取的视听资料应当是有关资料的原始载体。调取视听资料原始载体有困难的，可以提取复制件，并注明制作方法、制作时间、制作人等。声音资料应当附有该声音内容的文字记录。

（2）办案人员收集、调取的电子数据应当是有关数据的原始载体。收集电子数据原始载体有困难的，可以采用复制、委托分析、书式固定、拍照录像等方式取证，并注明制作方法、制作时间、制作人等。

（3）市场监督管理部门可以利用互联网信息系统或者设备收集、固定违法行为证据。用来收集、固定违法行为证据的互联网信息系统或者设备应当符合相关规定，保证所收集、固定的电子数据的真实性、完整性。

（4）市场监督管理部门可以指派或者聘请具有专门知识的人员，辅助办案人员对案件关联的电子数据进行调查取证。

3. 信息证据

（1）基本原则。

1）取证过程合法原则，即计算机取证过程必须按照法律的规定公开进行，在此基础上得到真实且具有证明效力的证据。

2）冗余备份原则，即对于含有计算机证据的介质至少制作两个副本，原始介质应存放在专门的证据室由专人保管，复制品可以用于计算机取证人员进行证据的提取和分析。

3）严格管理过程原则，即含有计算机证据介质的移交、保管、开封、拆卸的过程必须由办案人员、当事人（或委托见证人）和技术人员共同完成，每一个环节都必须检查真实性和完整性，并制作详细的笔录，由上述行为人共同签名。

（2）取证方式。

1）打印。对网络侵权案件在其文字内容有证明意义的情况下，可以直接通过将有关内容打印在纸张上的方式进行取证。打印后，可以按照提取书证的方法予以保管固定，并注明打印的时间数据信息在计算机中的位置（如存放于哪个文件夹中等），以及取证人员等。如果是普通操作人员进行的打印，应当采取措施监督打印过程，防止操作人员实施修改、删除等行为。

2）复制。这是一种将计算机文件复制到软盘、移动硬盘或光盘中的方式。首先，取证人员应当检验所准备的软盘、移动硬盘或光盘，确认没有受到病毒感染。复制之后，应当及时检查复制的质量，防止因保存方式不当等原因而导致复制不成功或病毒感染等。取证后，注明提取的时间并封闭取回。

3）拍照、录像。如果侵权证据具有视听资料的证据意义，可以采用拍照、录像的方法进行证据的提取和固定，以便全面地反映证据的证明作用。同时对取证全程进行拍照、录像，还具有增加证明力、防止翻供的作用。

4）制作司法文书。一般包括检查笔录和鉴定。检查笔录是指对取证中，证据种类、方式、过程、内容等全部情况进行的记录。鉴定是专业人员就取证中的专门问题进行的认定，也是一种固定证据的方式。制作司法文书时可以将权威部门对特定事实的认定作为证据，具有专门性、特定性和较高的证明力。该方式主要适用于对具有网络特色的证据的提取，如数字签名、电子商务等，目前在我国专门从事这种网络业务认证的中介机构尚不完善，仍处在建立阶段。

5）查封、扣押。对于涉及案件的证据、材料、物件，为了防止有关当事人进行损毁、破坏，对有证据证明是侵犯他人注册商标专用权的物品，可以采取查封或者扣押的方式，将有关材料置于办案部门保管之下。可以对通过上述几种方式导出的证据进行查封、扣押，也可以对于一些已经加密的证据进行查封、扣押。如在查处商标侵权案件的过程中，办案部门依法查封、扣押办公用具及商业资料，将硬盘从机箱里拆出，在笔录上注明“扣押×品牌×型号硬盘一块”。对已经加密的数据文件进行查封、扣押，往往需要将整个存储器从机器中拆卸出来并聘请专门人员对数据进行还原处理，在这种情况下进行的查封、扣押措施必须相当审慎，以免对原用户或其他合法客户的正常工作造成侵害。一旦硬件被损坏或误操作导致的数据不能被读取或数据毁坏，其带来的损失将是不可估量的。

6）公证。由于电子证据极易被破坏，一旦被破坏又难以恢复原状，所以，通过公证机构将有关证据进行公证固定是获取电子证据的有效途径之一。

4. 现场抽样

（1）市场监督管理部门抽样取证时，应当通知当事人到场。办案人员应当制作抽样记录，载明时间、地点、事件等内容，对样品加贴封条，开具清单，由办案人员、当事人在封条和相关记录上签名或者盖章。

法律、法规、规章或者国家其他有关规定对实施抽样机构的资质或者抽样方式有明确要求的，市场监督管理部门应当委托有关机构或者按照规定方式抽取样品。

（2）通过网络、电话购买等方式抽样取证的，应当采取拍照、截屏、录音、录像等方式对交易过程、商品拆包查验及封样等过程进行记录。

5. 境外证据

（1）从中华人民共和国领域外取得的证据，应当说明来源，经所在国公证机关证明，并经中华人民共和国驻该国使领馆认证，或者履行中华人民共和国与证据所在国订立的有关条约中规定的证明手续。

（2）在中华人民共和国香港特别行政区、澳门特别行政区和台湾地区取得的证据，应当具有按照有关规定办理的证明手续。

（3）外文书证或者外国语视听资料等证据应当附有由具有翻译资质的机构翻译的

或者其他翻译准确的中文译本，由翻译机构盖章或者翻译人员签名。

6. 其他证据材料

（1）办案人员可以要求当事人及其他有关单位和个人在一定期限内提供证明材料或者与涉嫌违法行为有关的其他材料，并由材料提供人在有关材料上签名或者盖章。

（2）市场监督管理部门在查处侵权假冒等案件的过程中，可以要求权利人对涉案产品是否为权利人生产或者其许可生产的产品进行辨认，也可以要求其对有关事项进行鉴定。县级以上市场监督管理部门可以委托商标注册人对涉嫌假冒注册商标商品及商标标志进行鉴定，由其出具书面鉴定意见，并承担相应法律责任。被鉴定者无相反证据推翻该鉴定结论的，市场监督管理部门将该鉴定结论作为证据予以采纳。

鉴定报告中不得只有笼统的结论，鉴定结论应当包括鉴定方法和假冒商品具体特征的表述。

（3）为查明案情，需要对案件中专门事项进行检测、检验、检疫、鉴定的，市场监督管理部门应当委托具有法定资质的机构进行，没有具有法定资质的机构的，可以委托其他具备条件的机构进行。检测、检验、检疫、鉴定结果应当告知当事人。

上述文书均应由行政执法人员、行政相对人及有关人员签字或盖章。

当事人或有关人员拒绝接受调查和提供证据的，行政执法人员应进行记录。

五、取证规范

（1）首次向当事人收集、调取证据的，办案人员应当告知其享有陈述权、申辩权以及申请回避的权利。

（2）办案人员调查或者进行检查时不得少于两人，并应当向当事人或者有关人员出示执法证件。

（3）须委托其他市场监督管理部门协助调查取证的，应当出具书面委托调查函，受委托的市场监督管理部门应当积极予以协助。无法协助的，应当及时将无法协助的情况函告委托部门。

（4）证据应当符合法律、法规或者规章等关于证据的规定，并经查证属实，才能作为认定案件事实的依据。

（5）办案人员收集、调取的书证、物证应当是原件、原物。调取原件、原物有困难的，可以提取复制件、影印件或者抄录件，也可以拍摄或者制作足以反映原件、原物外形或者内容的照片、录像。复制件、影印件、抄录件和照片、录像由证据提供人核对无误后注明与原件、原物一致，并注明出证日期、证据出处，同时签名或者盖章。

六、查封、扣押与鉴定

（一）基本原则

（1）市场监督管理部门可以按照法律、法规的规定采取查封、扣押等行政强制措施。采取或者解除行政强制措施，应当经市场监督管理部门负责人批准。

（2）市场监督管理部门实施行政强制措施应当按照《行政强制法》第十八条规定的程序进行，并当场交付《实施行政强制措施决定书》和清单。同时，应当告知当事人有申请行政复议和提起行政诉讼的权利。

（二）程序与要求

（1）查封、扣押当事人的财物，应当当场清点，开具清单，由当事人和行政执法人员签名或者盖章，交当事人一份，并当场交付查封、扣押财物决定书。情况紧急，需要当场采取行政强制措施的，行政执法人员应当在二十四小时内向市场监督管理部门负责人报告，并补办批准手续。市场监督管理部门负责人认为不应当采取行政强制措施的，应当立即解除。

（2）扣押当事人托运的物品，应当制作《协助扣押通知书》，通知有关运输部门协助办理，并书面通知当事人。

（3）对当事人家存或者寄存的涉嫌违法物品，需要扣押的，责令当事人取出；当事人拒绝取出的，应当会同当地有关部门将其取出，并办理扣押手续。

查封、扣押的场所、设施或者财物应当妥善保管，不得使用或者损毁；市场监督管理部门可以委托第三人保管，第三人不得损毁或者擅自转移、处置。

查封的场所、设施或者财物，应当加贴市场监督管理部门封条，任何人不得随意动用。

（4）对鲜活物品或者其他不易保管的财物，法律、法规规定可以拍卖或者变卖的，或者当事人同意拍卖或者变卖的，经市场监督管理部门负责人批准，在采取相关措施留存证据后可以依法拍卖或者变卖。拍卖或者变卖所得款项由市场监督管理部门暂予保存。

被查封的物品，应当加贴市场监督管理部门封条，任何人不得随意动用。

（5）查封、扣押的财物，经查明确实与违法行为无关或者不再需要采取查封、扣押措施的，应当解除查封、扣押措施，送达解除查封、扣押决定书，将查封、扣押的财物如数返还当事人，并由办案人员和当事人在财物清单上签名或者盖章。

（三）时效

（1）查封、扣押的期限不得超过三十日；情况复杂的，经市场监督管理部门负责人批准，可以延长，但是延长期限不得超过三十日。法律、行政法规另有规定的除外。

（2）延长查封、扣押的决定应当及时书面告知当事人，并说明理由。

（3）对物品需要进行检测、检验、检疫、鉴定的，查封、扣押的期间不包括检测、检验、检疫、鉴定的期间。检测、检验、检疫、鉴定的期间应当明确，并书面告知当事人。检测、检验、检疫、鉴定的费用由市场监督管理部门承担。

办案人员在调查取证时，对专门性问题，交由专门部门或者注册商标权人鉴定；鉴定完毕后，应当制作《鉴定意见书》。

七、登记与保存

（一）基本原则

在证据可能灭失或者以后难以取得的情况下，市场监督管理部门可以对与涉嫌违法行为有关的证据采取先行登记保存措施。记录应包括以下事项。

（1）证据保全的启动理由。

（2）证据保全的具体标的。

（3）证据保全的形式，包括先行登记保存证据法定文书、复制、音像、鉴定、勘验、制作询问笔录等。

（二）程序

（1）采取先行登记保存措施或者解除先行登记保存措施，应当经市场监督管理部门负责人批准。

（2）情况紧急，需要当场采取先行登记保存措施的，执法人员应当在二十四小时内向市场监督管理部门负责人报告，并补办批准手续。市场监督管理部门负责人认为不应当采取先行登记保存措施的，应当立即解除。

（3）具体步骤。

1）先行登记保存有关证据，应当当场清点，开具清单，由当事人和办案人员签名或者盖章，交当事人一份，并当场交付先行登记保存证据通知书。

先行登记保存期间，当事人或者有关人员不得损毁、销毁或者转移证据。

2）对于先行登记保存的证据，应当在七日内采取以下措施：①根据情况及时采取记录、复制、拍照、录像等证据保全措施；②需要检测、检验、检疫、鉴定的，送交检测、检验、检疫、鉴定；③按照有关法律、法规规定可以采取查封、扣押等行政强制措施的，决定采取行政强制措施；④违法事实成立，应当予以没收的，作出行政处罚决定，没收违法物品；⑤违法事实不成立，或者违法事实成立但依法不应当予以查封、扣押或者没收的，决定解除先行登记保存措施。逾期未作出处理决定的，先行登记保存措施自动解除。

八、文书范本

授权委托书

委托单位（人）：________________

地址（住所）：________________

法定代表人（负责人）：________________职务：________________

身份证或其他有效证件名称：________________证件号码：________________

联系电话：________________

受委托人姓名：________________

单位（住所）：________________职务：________________

身份证或其他有效证件名称：________________证件号码：________________

联系电话：________________

现委托________________，身份证号：________________，系________________，作为委托人在________________一案中的委托代理人。

委托权限（在□中打√）：

□1. 接受检查、调查、询问。

□2. 提交、确认相关证据材料。

□3. 确认、签收相关法律文书。

□4. 代为行使申请回避权及陈述权、申辩权、听证权。

□5. 代为放弃申请回避权及陈述权、申辩权、听证权。

□6. 签署送达地址确认书。

□7. 其他：________________。

委托期限：自　　年　　月　　日起至　　年　　月　　日/案件处理完毕止。

委托人：____________（盖章）：　　　　年　　月　　日

委托代理人：____________　　　　年　　月　　日

《授权委托书》使用指南

《授权委托书》是当事人委托他人代为处理案件有关事宜须提供的证明文书式样，以及其他相关人员在受涉嫌违法当事人的委托，到市场监督管理部门接受调查时所使用的文书。

1. 文书适用范围

当事人在委托他人代为接受检查、调查、询问，以及签收相关法律文书等处理案件有关的事宜时，使用本文书。

2. 文书使用注意事项

（1）市场监督管理部门行政执法人员在收到当事人的授权委托书时，须注意审查委托权限和委托代理的期限。若委托权限仅注明“全权代理”，则视为一般授权。

（2）委托人为个人的，由委托人签字确认；委托人为单位的，一般应由单位法定代表人签字确认，并加盖单位公章。

______市场监督管理局

证据提取单

<table>
<tr><td colspan="2">证据提供人</td><td></td></tr>
<tr><td colspan="2">证据来源</td><td></td></tr>
<tr><td colspan="2">取证人</td><td></td></tr>
<tr><td colspan="2">取证时间</td><td></td></tr>
<tr><td colspan="2">取证地点</td><td></td></tr>
<tr><td colspan="2">证据名称及页码</td><td></td></tr>
<tr><td colspan="3">证据提供人意见及签名（盖章）确认：

年　　月　　日</td></tr>
<tr><td colspan="3">执法人员（取证人）签名确认：

年　　月　　日</td></tr>
<tr><td rowspan="4">视听资料</td><td>制作方法</td><td></td></tr>
<tr><td>制作时间</td><td></td></tr>
<tr><td>制作人</td><td></td></tr>
<tr><td>声音文字记录
（可另附页）</td><td></td></tr>
<tr><td>备注</td><td colspan="2"></td></tr>
</table>

《证据提取单》使用指南

《证据提取单》是市场监督管理部门的执法人员在为查明案情，提取书证、物证等证据时所使用的文书。

1. 文书适用范围

市场监督管理部门在办理行政处罚案件，收集、调取证据时，可使用本文书。当证据材料无法粘贴时，可不使用本文书。

2. 文书使用注意事项

（1）收集、调取的证据可附后，须在本文书及证据的骑缝处以签名、盖章或者其他方式确认。

（2）收集、调取的书证、物证应当是原件、原物。调取原件、原物有困难的，可以提取复制件、影印件或者抄录件，也可以拍摄或者制作足以反映原件、原物外形或者内容的照片、录像。

（3）复制件、影印件、抄录件和照片、录像由证据提供人核对无误后注明与原件、原物一致。当事人提供证据但拒绝确认的，应注明原因，有条件的可采取录音、录像等方式记录。传真件应制作成复印件，并保留传真时间和传真号码。

（4）收集、调取的视听资料应当是有关资料的原始载体。调取视听资料原始载体有困难的，可以提取复制件，并注明制作方法、制作时间、制作人等。声音资料应当附有该声音内容的文字记录。

（5）收集、调取的电子数据应当是有关数据的原始载体。收集电子数据原始载体有困难的，可以采用复制、委托分析、书式固定、拍照录像等方式取证。以书式固定、拍照、录像等方式取证的，可以适用本文书，并在“备注”栏中注明制作方法、制作时间、制作人等。

（6）从中华人民共和国领域外取得的证据，应当说明来源，经所在国公证机关证明，并经中华人民共和国驻该国使领馆认证，或者履行中华人民共和国与证据所在国订立的有关条约中规定的证明手续。

在中华人民共和国香港特别行政区、澳门特别行政区和台湾地区取得的证据，应当具有按照有关规定办理的证明手续。

外文书证或者外国语视听资料等证据应当附有由具有翻译资质的机构翻译的或者其他翻译准确的中文译本，由翻译机构盖章或者翻译人员签名。

（7）所粘贴的证据，应由提供人在骑缝处以签名、盖章或者其他方式确认。

若取证过程有见证人的，可由见证人在“备注”栏中对取证过程填写意见并签名或者以其他方式确认。

陈述（申辩）笔录

陈述（申辩）时间：________年____月____日____时____分至____时____分

陈述（申辩）地点：____

陈述（申辩）人：________________________________性别：____________

工作单位：____________________________________电话：____________

住所（住址）：__________________________________邮编：____________

记录人：________________________执法证号：____________________

陈述（申辩）请求：____

事实和理由：____

____

____

____

____

____

____

____

____

____

（陈述（申辩）人、记录人应当逐页签字确认。）

（以下是笔录尾页）

陈述（申辩）人阅核后签注“笔录上述内容，记录属实。”

陈述（申辩）人签字：________　　　　　　________年____月____日

记录人签字：____________　　　　　　________年____月____日

第　页　共　页

______________市场监督管理局

询问调查通知书

____市监____字〔____〕____号

_________________：

为调查了解____

____

____，请于_______年____月____日____时____分

到____

接受询问调查。按照《中华人民共和国行政处罚法》第五十五条的规定，你（单位）有如实回答询问、协助调查的义务。

请携带以下材料：

1. ____

____

____

2. ____

____

____

3. ____

____

____

如你（单位）委托其他人员接受询问调查的，委托代理人应同时提供授权委托书及委托代理人身份证明。

办案人员：_________________、_________________

联系电话：____________________________________

__________市场监督管理局

（印章）

年　　月　　日

本文书一式____份，____份送达，一份归档，__________。

《询问调查通知书》使用指南

《询问调查通知书》是市场监督管理部门在依法行使职权、查办涉嫌违法案件的过程中为查明案件事实，要求当事人或者相关人员接受询问、提供材料时所使用的文书。

1. 文书适用范围

市场监督管理部门根据《市场监督管理行政处罚程序暂行规定》第二十六条、第二十七条，在要求当事人或者有关人员接受询问、提供材料时，使用本文书。

2. 文书使用注意事项

（1）需要询问当事人并要求其同时提供有关材料的，可直接使用本文书，一般无须同时制发《限期提供材料通知书》。

（2）首次询问当事人的，须由被询问人提供身份证或者其他有效身份证件；当事人属于单位或者个体工商户的，还应当由当事人提供营业执照或者其他主体资格证照。

（3）办案人员要求当事人及其他有关单位、个人提供证明材料或者与违法行为有关的其他材料的，应由材料提供人在有关材料上签名或者盖章。

（4）本文书须送达当事人，并归档。

______市场监督管理局

询问笔录

时间：____年__月__日__时__分至____年__月__日__时__分第__次

地点：________

询问人：________执法证号：________

询问人：________执法证号：________

被询问人：________性别：________

身份证（其他有效证件）号码：________

工作单位：________职务：________

联系电话：________其他联系方式：________

联系地址：________

询问人：你好，我们是________市场监督管理局的办案人员，已向你出示了我们的执法证件。你是否看清楚？

被询问人：________

问：我们依法就________有关问题进行调查，请予配合。按照法律规定，你有权进行陈述和申辩。如果你认为调查人员与本案有直接利害关系，你有依法申请回避的权利，你是否申请调查人员回避？

答：________

问：你应当如实回答询问问题，并协助调查，不得阻挠，否则要承担相应的法律责任。你是否明白？

答：________

被询问人：________ 年 月 日

询问人：________ 年 月 日

第 页 共 页

（尾　页）

询问人：以上是本次询问情况的记录，请核对/已向你宣读，如果属实请确认。

被询问人：____________________

被询问人：__________　　　　年　月　日

询问人：_____、_____　　　　年　月　日

第　页共　页

《询问笔录》使用指南

《询问笔录》是市场监督管理部门的办案人员在为了查清案情，对当事人和其他人员进行询问、调查并记录有关内容时所使用的文书。

1. 文书适用范围

市场监督管理部门在根据《市场监督管理行政处罚程序暂行规定》第二十六条，询问当事人和其他人员时，使用本文书。

2. 文书使用注意事项

（1）被询问人不是当事人或者当事人的委托代理人的，不需要告知其享有陈述权、申辩权以及申请回避的权利。

（2）每份笔录对应一个被询问人。

（3）如果笔录最后一行文字后有空白，应当在最后一行文字后加上“以下空白”字样。

（4）被询问人对笔录进行核对的，询问人员选择“请核对”，由被询问人在笔录最后处写上“已核对，属实、无误。”，并签名、盖章或者以其他方式确认。被询问人阅读有困难的，应当向其宣读笔录，询问人员选择“已向你宣读”，由被询问人签名、盖章或者以其他方式确认宣读情况。

（5）笔录需要更正的，涂改部分要由被询问人以签名、盖章或者以其他方式确认。

____________市场监督管理局

限期提供材料通知书

____市监____限____字〔____〕____号

________________：

按照《市场监督管理行政处罚程序暂行规定》第二十七条第____款的规定，请你（单位）在收到本通知书后____日内向本局提供以下材料，并在材料上签名或者盖章。逾期不提供或者拒绝提供相关材料的，将依法承担法律责任。

1. ____

____

____

2. ____

____

____

3. ____

____

____

4. ____

____

____

联系人：________________联系电话：________________

____________市场监督管理局

（印章）

年　　月　　日

本文书一式____份，____份送达，一份归档，__________。

《限期提供材料通知书》使用指南

《限期提供材料通知书》是市场监督管理部门为了查明案情，要求当事人或其他有关单位和个人在一定期限内提供证明材料或者与涉嫌违法行为有关的其他材料时所使用的文书。

1. 文书适用范围

市场监督管理部门在根据《市场监督管理行政处罚程序暂行规定》第二十七条第一款，要求当事人及其他有关单位和个人在一定期限内提供证明材料或者与涉嫌违法行为有关的其他材料，或者根据第二十七条第二款，要求权利人对涉案产品是否为权利人生产或者其许可生产的产品进行辨认、对有关事项进行鉴别时，使用本文书。

2. 文书使用注意事项

（1）需要询问当事人并要求其同时提供有关材料的，可直接使用《询问通知书》，一般无须同时制发本文书。

（2）本文书须送达当事人或者其他有关单位和个人，并归档。

________市场监督管理局

现场笔录

时间：______年___月___日___时___分至______年___月___日___时___分

地点：________________________________

检查人员：________________执法证号：________________

检查人员：________________执法证号：________________

当事人：________________________________

主体资格证照名称：________________________________

统一社会信用代码（注册号）：________________________________

住所（住址）：________________________________

法定代表人（负责人、经营者）：________________________________

身份证（其他有效证件）号码：________________________________

联系电话：________________其他联系方式：________________

联系地址：________________________________

通知当事人到场情况：________________________________

____

检查人员：我们是________________的执法人员。现向你出示我们的执法证件，你是否看清楚？

当事人：________________________________

检查人员：你有权进行陈述和申辩。你应当如实回答问题，并协助调查或者检查，不得阻挠。你认为检查人员与你（单位）有直接利害关系的，你有依法申请回避的权利。你是否申请检查人员回避？

当事人（签名或者盖章）：________________ 年 月 日

见证人（签名或者盖章）：________________ 年 月 日

检查人员：________________ 年 月 日

第 页 共 页

如实施行政强制措施，当场告知当事人采取行政强制措施的理由、依据以及依法享有的权利、救济途径情况：____________________

____

____

____

____

____

当事人的陈述和申辩：____________________

____

____

____

____

____

现场情况：____________________

____

____

____

____

____

____

____

当事人（签名或者盖章）：__________　　年　月　日

见证人（签名或者盖章）：__________　　年　月　日

检查人员：__________　　年　月　日

第　页共　页

（尾页）

____

____

____

____

____

____

____

____

____

____

____

____

____

____

____

____

____

检查人员：以上是本次现场检查的情况记录，请核对/已向你宣读。如果属实请确认。

当事人：____

当事人（签名或者盖章）：____________________　　年　月　日

见证人（签名或者盖章）：____________________　　年　月　日

检查人员：____________________　　年　月　日

第　页　共　页

《现场笔录》使用指南

《现场笔录》是市场监督管理部门的办案人员在对有违法嫌疑的物品或者场所进行检查，记录现场检查过程、收集现场证据时所使用的文书。

1. 文书适用范围

市场监督管理部门执法人员在根据《市场监督管理行政处罚程序暂行规定》第二十五条，对有违法嫌疑的物品或者场所进行检查，对检查过程以及其他现场情况进行记录时，使用本文书。

2. 文书使用注意事项

（1）当事人有主体资格证照的，按照当事人主体资格证照记载事项填写主体资格证照名称、统一社会信用代码（注册号）、住所（住址）、法定代表人（负责人、经营者）等信息。当事人是个体工商户且有字号的，以字号名称作为当事人名称，同时填写经营者姓名、身份证或者其他有效证件名称及号码。当事人主体资格证照未加载统一社会信用代码的，填写注册号或者其他编号。当事人是个人的，按照身份证或者其他有效证件记载事项填写姓名、住址、证件号码等信息。

（2）当事人本人、授权委托人、法定代表人、负责人、检查现场的员工或者现场负责人员，在“当事人”栏下签名。无法通知当事人，当事人不到场或者拒绝接受调查，当事人拒绝签名、盖章或者以其他方式确认的，办案人员应当在笔录上或者其他材料上注明情况，并采取录音、录像等方式记录，必要时可邀请有关人员作为见证人。邀请见证人到场的，在“通知当事人到场情况”栏中填写见证人身份信息，并由见证人逐页签名。

（3）如果“现场情况”栏中最后一行文字后有空白，应当在最后一行文字后加上“以下空白”字样。

（4）当事人对笔录进行核对的，检查人员选择“请核对”，由当事人在笔录最后处写上“已核对，属实、无误。”，并应签名、盖章或者以其他方式确认。当事人阅读有困难的，应当向其宣读笔录，检查人员选择“已向你宣读”，由当事人签名、盖章或者以其他方式确认宣读情况。

（5）笔录应当由当事人逐页签名、盖章或者以其他方式确认。检查人员也应当在笔录上逐页签名。笔录有涂改的，涂改部分要由当事人以签名、盖章或者以其他方式确认。

（6）若实施行政强制措施，在笔录中要如实记录当场告知当事人采取行政强制措施的理由、依据，以及当事人依法享有的权利、救济途径等情况。当事人当场进行陈述、申辩的，要如实记载当事人陈述、申辩的情况；当事人在现场检查时不提出陈述、申辩的，应当记载当事人未提出陈述、申辩的情况。

______市场监督管理局

协助调查函

___市监___字〔___〕___号

______市场监督管理局：

我局在办理______

一案中，因______

______，

按照《市场监督管理行政处罚程序暂行规定》第四十二条的规定，请你局协助调查以下事项：______

______

请你局在收到协助调查函之日起十五个工作日内将调查结果加盖公章，连同相关证据材料送我局。需要延期完成或者无法协助的，请在期限届满前告知我局。

联系人：______联系电话：______

______市场监督管理局

（印章）

年　月　日

本文书一式___份，___份送达，一份归档，______。

《协助调查函》使用指南

《协助调查函》是市场监督管理部门在查处违法行为的过程中，需要其他市场监督管理部门协助调查与案件有关的特定事项时所使用的文书。

1. 文书适用范围

市场监督管理部门根据《市场监督管理行政处罚程序暂行规定》第四十二条，在办理行政处罚案件时，确须其他市场监督管理部门协助调查取证的，使用本文书。

2. 文书使用注意事项

（1）须写明案件名称、请求协助调查的原因，有法律依据的应写明相关法律规定。

（2）使用本文书须填报《行政处罚案件有关事项审批表》，经市场监督管理部门负责人批准后制发。

（3）本文书须送达协助单位，并归档。

______市场监督管理局

协助扣押通知书

____市监____字〔____〕____号

__________：

我局在办理____一案中，根据《实施行政强制措施决定书》（____市监____字〔____〕____号），需要对该决定书所列全部物品/部分物品［详见《场所/设施/财物清单》（文书编号：　　　　）］进行扣押。按照《市场监督管理行政处罚程序暂行规定》第三十六条的规定，请你单位予以协助。

联系人：__________联系电话：__________

附件：1.《实施行政强制措施决定书》（____市监____字〔____〕____号）

2. 部分物品的《场所/设施/财物清单》（文书编号：________）

______市场监督管理局

（印章）

年　　月　　日

本文书一式____份，____份送达，一份归档，__________。

《协助扣押通知书》使用指南

《协助扣押通知书》是市场监督管理部门在查处违法行为的过程中，需要有关单位协助扣押当事人托运的物品时所使用的文书。

1. 文书适用范围

市场监督管理部门在根据《市场监督管理行政处罚程序暂行规定》第三十六条，通知有关单位协助扣押当事人托运的物品时，使用本文书。

2. 文书使用注意事项

（1）本文书应附《实施行政强制措施决定书》。如仅需有关单位协助对部分物品进行扣押的，须同时附列明部分物品的《场所/设施/财物清单》。

（2）使用本文书须填报《行政处罚案件有关事项审批表》，经市场监督管理部门负责人批准后制发。

（3）本文书须送达协助扣押单位及当事人，并归档。

______市场监督管理局

实施行政强制措施决定书

___市监___〔___〕___号

当事人：________________

主体资格证照名称：________________

统一社会信用代码（注册号）：________________

住所（住址）：________________

法定代表人（负责人、经营者）：________________

身份证（其他有效证件）号码：________________

联系电话：________其他联系方式：________________

经查，你（单位）涉嫌________________，

本局按照________________

____

的规定，决定对有关场所/设施/财物［详见《场所/设施/财物清单》（文书编号：________）］实施________行政强制措施。

1. 实施行政强制措施的场所/设施/财物：________________

________________。

2. 实施行政强制措施的期限为______日。情况复杂，需要延长强制措施期限的，本局将书面告知。对物品需要进行检测、检验、检疫、鉴定的，查封、扣押的期间不包括检测、检验、检疫、鉴定的期间，检测、检验、检疫、鉴定的期间本局将书面告知。

3. 物品保存条件：________________

查封/扣押的场所/设施/财物应当妥善保管或维护，不得使用或者损毁。

如对本决定不服，可以在收到本决定之日起___内向___人民政府或者______市场监督管理局申请行政复议，也可以在________内依法向________法院提起行政诉讼。

联系人：________联系电话：________

附件：《场所/设施/财物清单》（文书编号：________）

________市场监督管理局

（印章）

年　月　日

本文书一式___份，___份送达，一份归档，________。

《实施行政强制措施决定书》使用指南

《实施行政强制措施决定书》是市场监督管理部门在查办案件的过程中，对当事人实施行政强制措施时所使用的文书。

1. 文书适用范围

市场监督管理部门在办理行政处罚案件，依法对涉案场所、设施、财物实施行政强制措施时，使用本文书。

2. 文书使用注意事项

（1）当事人有主体资格证照的，按照当事人主体资格证照记载事项填写主体资格证照名称、统一社会信用代码（注册号）、住所（住址）、法定代表人（负责人、经营者）等信息。当事人是个体工商户且有字号的，以字号名称作为当事人名称，同时填写经营者姓名、身份证或者其他有效证件名称及号码。当事人主体资格证照未加载统一社会信用代码的，填写注册号或者其他编号。当事人是个人的，按照身份证或者其他有效证件记载事项填写姓名、住址、证件号码等信息。

（2）实施行政强制措施应当有法律、法规的规定，在填写本文书时应写明所依据的具体条款。

（3）市场监督管理部门实施行政强制措施，应当按照《行政强制法》第十八条的规定制作现场笔录。

（4）行政强制措施期限应明确、具体。查封、扣押的期限不得超过三十日；情况复杂的，经市场监督管理部门负责人批准，可以延长，但是延长期限不得超过三十日。法律、行政法规另有规定的除外。

（5）对行政强制措施决定不服的，依法申请行政复议的期限为六十日，法律规定的申请期限超过六十日的从其规定；依法提起行政诉讼的期限为六个月，法律另有规定的从其规定。

（6）“物品保存条件”是指符合药品、医疗器械、食品等特殊物品保存要求的条件，包括常温、避光、通风、冷藏、防冻、防潮等，一般可通过物品外包装的保存说明加以确定。

（7）使用本文书须填报《行政处罚案件有关事项审批表》，经市场监督管理部门负责人批准后制发。根据《反不正当竞争法》第十三条第二款、《禁止传销条例》第十四条第二款等，对批准程序有特别规定的从其规定。

（8）本文书须送达当事人，并归档。

________市场监督管理局

延长行政强制措施期限决定书

____市监____字〔____〕____号

__________________：

本局于________年____月____日作出《实施行政强制措施决定书》（____市监____字〔____〕____号），对你（单位）有关场所/设施/财物［详见《场所/设施/财物清单》（文书编号：________）］采取________行政强制措施。因情况复杂，按照《中华人民共和国行政强制法》第二十五条第一款、第二款的规定，经本局负责人批准，决定将该行政强制措施的期限延长至________年____月____日。

你（单位）可以对本延长行政强制措施期限决定进行陈述和申辩。如对本延长行政强制措施期限的决定不服，可以在收到本决定之日起________内向________人民政府或者________市场监督管理局申请行政复议，也可以在________内依法向________法院提起行政诉讼。

联系人：__________________联系电话：__________________

附件：《场所/设施/财物清单》（文书编号：________）

________市场监督管理局

（印章）

年　月　日

本文书一式____份，____份送达，一份归档，__________。

《延长行政强制措施期限决定书》使用指南

《延长行政强制措施期限决定书》是市场监督管理部门在查办案件的过程中，因情况复杂需要延长实施行政强制措施的期限时所使用的文书。

1. 文书适用范围

市场监督管理部门在办理行政处罚案件的过程中，对已实施行政强制措施的场所、设施、财物，依法延长实施行政强制措施的期限时，使用本文书。

2. 文书使用注意事项

（1）当事人是个体工商户且有字号的，以字号名称作为当事人名称；没有字号的，填写经营者的姓名。

（2）按照《行政强制法》第二十五条第一款的规定，延长行政强制措施的期限不得超过三十日。《禁止传销条例》等法律、行政法规对延长期限另有规定的，从其规定。

（3）对延长行政强制措施决定不服的：依法申请行政复议的期限为六十日，法律规定的申请期限超过六十日的从其规定；依法提起行政诉讼的期限为六个月，法律另有规定的从其规定。

（4）使用本文书须填报《行政处罚案件有关事项审批表》，经市场监督管理部门负责人批准后制发。根据《反不正当竞争法》第十三条第二款、《禁止传销条例》第十八条第一款等，对批准程序有特别规定的从其规定。

（5）本文书须送达当事人，并归档。

______市场监督管理局

解除行政强制措施决定书

___市监___字〔___〕___号

__________：

本局于____年___月___日作出《实施行政强制措施决定书》（___市监___字〔___〕___号），对你（单位）有关场所/设施/财物采取____行政强制措施［并于____年___月___日作出《延长行政强制措施期限决定书》（___市监___字〔___〕___号），将行政强制措施期限延长至____年___月___日］。按照______________________________的规定，本局决定自____年___月___日起对全部物品/部分物品［详见《场所/设施/财物清单》（文书编号：　　）］予以解除行政强制措施。

联系人：__________联系电话：__________

附件：《场所/设施/财物清单》（文书编号：____）

______市场监督管理局

（印章）

年　　月　　日

本文书一式___份，___份送达，一份归档，______。

《解除行政强制措施决定书》使用指南

《解除行政强制措施决定书》是市场监督管理部门在决定解除行政强制措施时所使用的文书。

1. 文书适用范围

市场监督管理部门在对已实施行政强制措施的场所、设施、财物，依法解除行政强制措施时，使用本文书。

2. 文书使用注意事项

（1）当事人是个体工商户且有字号的，以字号名称作为当事人名称；没有字号的，填写经营者的姓名。

（2）行政强制措施期限经延长的，应当载明延长行政强制措施决定的相应内容。

（3）部分解除行政强制措施的，应当另行制作《场所/设施/财物清单》，写明解除财物的名称、规格、型号及数量等，并由办案人员和当事人在《场所/设施/财物清单》上签名或者盖章。

（4）使用本文书须填报《行政处罚案件有关事项审批表》，经市场监督管理部门负责人批准后制发。

（5）本文书须送达当事人，并归档。

______市场监督管理局

场所/设施/财物清单

文书编号：______

序号	标称名称/场所	规格（型号）/场所地址	单位	数量	备注

当事人（签名或者盖章）：______　　年　月　日

办案人员（签名或者盖章）：______　　年　月　日

办案人员（签名或者盖章）：______　　年　月　日

见证人（签名或者盖章）：______　　年　月　日

第　页　共　页

本文书一式____份，____份送达，一份归档，______。

《场所/设施/财物清单》使用指南

《场所/设施/财物清单》是市场监督管理部门在办案的过程中，对涉案场所、设施、财物进行详细登记造册时使用的书面凭证。

1. 文书适用范围

市场监督管理部门在依法采取或者解除先行登记保存措施，实施或者解除行政强制措施，委托检测、检验、检疫、鉴定，进行抽样取证等需要记载场所、设施、财物时，使用本文书。

2. 文书使用注意事项

（1）使用本文书时，由办案人员按照登记造册的场所、设施、财物在标题上选择相应类别。

（2）本文书应当有文书编号。文书编号由各单位根据实际情况，自行编排。

（3）设施、财物的生产厂家、生产日期、单价、批号、包装情况、物品状态等事项，以及场所的相关事项，需要详细记载的可在“备注”栏中予以注明。

（4）表格中有空白行的，须在最后一行内容下方加“以下空白”字样。

（5）当事人核对无误后，可由其在清单末尾写明“上述内容经核对无误。”，清单应当由当事人逐页签名、盖章或者以其他方式确认。办案人员也应当在清单上逐页签名。

（6）本文书须送达当事人，并归档。

______市场监督管理局抽样取证通知书

______市监罚抽证通字〔____〕____号

______：

你（单位）因______行为，违反了（法律依据名称及条、款、项具体内容）的规定。按照《中华人民共和国行政处罚法》第五十六条的规定，本机关决定对你（单位）的下列物品（见《抽样取证物品清单》）进行抽样取证。

附件：《抽样取证物品清单》

名称	数量	品级	规格	型号	形态	备注

被抽样取证人：______　　年　月　日

行政执法人员：______执法证号：______　　年　月　日

行政执法人员：______执法证号：______　　年　月　日

______市场监督管理局

（印章）

年　月　日

注：本文书一式两份。一份送达被抽样取证人，一份行政机关存档。

____________市场监督管理局

抽样记录

<table>
<tr><td>当事人</td><td colspan="4"></td></tr>
<tr><td>主体资格证照名称</td><td colspan="2"></td><td>统一社会信用代码
（注册号）</td><td></td></tr>
<tr><td>住所（住址）</td><td colspan="4"></td></tr>
<tr><td>法定代表人
（负责人、经营者）</td><td colspan="2"></td><td>身份证（其他有效
证件）号码</td><td></td></tr>
<tr><td>联系电话</td><td colspan="2"></td><td>其他联系方式</td><td></td></tr>
<tr><td rowspan="11">被抽样产品及抽样情况</td><td>产品名称</td><td></td><td>型号规格</td><td></td></tr>
<tr><td>标称商标</td><td></td><td>保质期</td><td></td></tr>
<tr><td>标称生产者</td><td></td><td>标称价格</td><td></td></tr>
<tr><td>生产日期
（出厂批号）</td><td></td><td>产品执行
标准编号</td><td></td></tr>
<tr><td>标称储存条件</td><td></td><td>生产许可证编号</td><td></td></tr>
<tr><td>标称产品等级</td><td></td><td>包装方式</td><td></td></tr>
<tr><td>抽样方式</td><td colspan="3">□按规定方式抽样（抽样依据的标准编号）：____________
□以其他方式抽样（可使用附页）：____________</td></tr>
<tr><td>抽取样品数量</td><td></td><td>被抽样品基数</td><td></td></tr>
<tr><td>抽样地点</td><td colspan="3"></td></tr>
<tr><td colspan="4">抽取样品过程：____________________
____
____
样品封样情况：____________________
____
____
样品储存条件：____________________</td></tr>
<tr><td colspan="4"></td></tr>
<tr><td colspan="3">行政执法人员：________执法证号：________
行政执法人员：________执法证号：________
年　月　日</td><td colspan="2">当事人（签名或盖章）：

年　月　日</td></tr>
<tr><td colspan="3">受委托抽样人员（签名或盖章）：

年　月　日</td><td colspan="2">见证人（签名或盖章）：

年　月　日</td></tr>
<tr><td>备注</td><td colspan="4"></td></tr>
</table>

《抽样记录》使用指南

《抽样记录》是市场监督管理部门在查办案件的过程中采取抽样取证措施收集证据，对抽样取证过程、样品、封样等情况进行记录时所使用的文书。

1. 文书适用范围

根据《市场监督管理行政处罚程序暂行规定》第二十八条，市场监督管理部门在查办案件的过程中，对有关证据采取抽样取证措施时，使用本文书。

2. 文书适用注意事项

（1）当事人有主体资格证照的，按照当事人主体资格证照记载事项填写主体资格证照名称、统一社会信用代码（注册号）、住所（住址）、法定代表人（负责人、经营者）等信息。当事人是个体工商户且有字号的，以字号名称作为当事人名称，同时填写经营者姓名、身份证或者其他有效证件名称及号码。当事人主体资格证照未加载统一社会信用代码的，填写注册号或者其他编号。当事人是个人的，按照身份证或者其他有效证件记载事项填写姓名、住址、证件号码等信息。

（2）“被抽样产品及抽样情况”栏中填写应当完整、准确。被抽样产品的型号规格、生产日期、出厂批号、产品执行标准编号、保质期等应按照被抽样产品外包装、说明书上记载的内容填写，如果没有或者无法确定其中某项内容的，应当注明。“抽取样品数量”包括检验样品数量以及备用样品数量。“被抽样品基数”是被抽样产品的总量。

（3）对抽样取证的方式、标准等有特别规定的，应当按照特别规定执行。

（4）“样品封样情况”栏中应写明被抽样产品加封情况、备用样品封存地点。

（5）当事人本人、授权委托人、法定代表人、主要负责人、检查现场的员工或者现场负责人员，应在“当事人”栏下签名。无法通知当事人，当事人不到场或者拒绝接受调查，当事人拒绝签名、盖章或者以其他方式确认的，应当采取录音、录像等方式记录，必要时可邀请有关人员作为见证人。邀请见证人到场的，由见证人签名、盖章或者以其他方式确认。办案人员应在“备注”栏中注明情况。

（6）如果抽样人为办案人员，由办案人员填写本文书；如果市场监督管理部门委托相关机构进行抽样，则由该机构指派进行抽样的人员填写本文书。使用该机构的抽样记录文书的，办案人员应当在其抽样记录文书上签名或者盖章，并注明日期。

____________市场监督管理局

抽样取证物品处理通知书

________市监罚抽证处通字〔____〕____号

____________________：

本机关于________年____月____日向你（单位）作出《(市场监督管理部门名称) 抽样取证通知书》（____市监罚抽证通字〔____〕____号），对________等物品进行了抽样取证。现根据调查（检验/检测/检疫/鉴定）结果，按照（法律依据名称及条、款、项具体内容）的规定，对被抽样取证的物品（见《抽样取证物品处理清单》）作出以下处理：____________。

附件：《抽样取证物品处理清单》

名称	数量	品级	规格	型号	形态	处理意见

被抽样取证人：____________________　　　　年　月　日

行政执法人员：____________________执法证号：____________________　　　　年　月　日

行政执法人员：____________________执法证号：____________________　　　　年　月　日

____________市场监督管理局

（印章）

年　月　日

注：本文书一式两份。一份送达被抽样取证人，一份行政机关存档。

______市场监督管理局
检测/检验/检疫/鉴定委托书

____市监____字〔____〕____号

__________：

本局现委托你单位对下列物品进行检测/检验/检疫/鉴定：

样品名称	规格/型号	等级	生产日期/批号	适用标准/规则	样品数量	检验项目	备注

委托检测/检验/检疫/鉴定事项：__________

请你单位于____年____月____日前提交由检测/检验/检疫/鉴定人员及你单位签名盖章的报告一式____份，并在出具的报告中载明以下内容：本局向你单位提供的相关材料，检测/检验/检疫/鉴定的内容、依据、使用的科学技术手段、过程及明确结论，以及你单位和检测/检验/检疫/鉴定人员资格的说明。

______市场监督管理局

（印章）

年 月 日

本文书一式____份，____份送达，一份归档，______。

《检测/检验/检疫/鉴定委托书》使用指南

《检测/检验/检疫/鉴定委托书》是市场监督管理部门在委托具有法定资质或者其他具备条件的机构对案件中专门事项进行检测、检验、检疫、鉴定时所使用的文书。

1. 文书适用范围

根据《市场监督管理行政处罚程序暂行规定》第二十九条，市场监督管理部门在查办案件的过程中，委托有关机构对专门事项进行检测、检验、检疫、鉴定时，使用本文书。

2. 文书使用注意事项

（1）市场监督管理部门在具体使用本文书的过程中，应在标题及正文中对“检测/检验/检疫/鉴定”进行选择。

（2）正文物品清单中写不下的，可另附页。

（3）本文书可直接附《抽样记录》及《场所/设施/财物清单》。必要时，可以制作一份物品状况文字笔录，对物品的外观状态、包装情况、材料情况及解封过程等事项进行详细记录，由委托方和受委托方双方签字。

（4）本文书样品信息中“适用标准/规则”“检验项目”等内容无法确定的可不填写。

（5）本文书须送达检测、检验、检疫、鉴定机构，并归档。

________市场监督管理局

检测/检验/检疫/鉴定期间告知书

____市监____字〔____〕____号

__________：

本局于______年____月____日作出《实施行政强制措施决定书》（____市监____字〔____〕____号），查封/扣押你（单位）的有关场所/设施/财物。本局现决定依法委托相关机构对有关物品进行检测/检验/检疫/鉴定。检测/检验/检疫/鉴定期间自______年____月____日至______年____月____日。

按照《中华人民共和国行政强制法》第二十五条第三款的规定，查封/扣押的期间不包括检测、检验、检疫、鉴定的期间。

联系人：__________联系电话：__________

________市场监督管理局

（印章）

年　月　日

本文书一式____份，____份送达，一份归档，________。

检测/检验/检疫/鉴定期间告知书使用指南

《检测/检验/检疫/鉴定期间告知书》是市场监督管理部门在实施查封、扣押等行政强制措施时，需要对有关物品进行检测、检验、检疫、鉴定，由办案人员将检测、检验、检疫、鉴定期间告知当事人时所使用的文书。

1. 文书适用范围

市场监督管理部门在将被实施行政强制措施的物品委托给有关机构进行检测、检验、检疫、鉴定，须将检测、检验、检疫、鉴定期间告知当事人时，使用本文书。

2. 文书使用注意事项

（1）市场监督管理部门在具体使用本文书的过程中，应在标题及正文中对“检测/检验/检疫/鉴定”进行选择。

（2）检测、检验、检疫、鉴定期间的起算时间一般为委托书的送达时间。

（3）本文书须送达当事人，并归档。

______市场监督管理局

检测/检验/检疫/鉴定结果告知书

____市监____字〔____〕____号

__________：

本局依法委托______________对你（单位）的下列物品进行检测/检验/检疫/鉴定。

1. ______________________________

2. ______________________________

3. ______________________________

检测/检验/检疫/鉴定结果为______________________________

______________________________。

[你（单位）如对该检测/检验/检疫/鉴定结果有异议，可自接到本告知书之日起____日内，向________

__________提出。]

附件：《检测/检验/检疫/鉴定报告书》____份

报告书编号：________

联系人：__________联系电话：__________

______市场监督管理局

（印章）

年　月　日

本文书一式____份，____份送达，一份归档，________。

《检测/检验/检疫/鉴定结果告知书》使用指南

《检测/检验/检疫/鉴定结果告知书》是市场监督管理部门在将检测、检验、检疫、鉴定结果告知当事人时所使用的文书。

1. 文书适用范围

根据《市场监督管理行政处罚程序暂行规定》第二十九条，市场监督管理部门在将被实施行政强制措施的物品委托给有关机构进行检测、检验、检疫、鉴定，须将检测、检验、检疫、鉴定结果告知当事人时，使用本文书。

2. 文书使用注意事项

（1）市场监督管理部门在具体使用本文书的过程中，应在标题及正文中对“检测/检验/检疫/鉴定”进行选择。

（2）按照有关法律、法规或者规章的规定，当事人享有复检、复验的权利，且客观上具备复检、复验条件的，市场监督管理部门应当依法告知当事人享有复检、复验权利。告知复检、复验权利，还须同时告知复检、复验申请的期限和受理单位。

（3）本文书须送达当事人，并归档。

________市场监督管理局

涉案物品处理记录

处理物品：见《场所/设施/财物清单》（文书编号：________）

____

____

物品来源：________

处理依据：________

处理时间：________

处理地点：________

执行人：________

记录人：________监督人：________

处理情况：________

____

____

____

____

____

____

____

____

执行人（签名或者盖章）：________　　年　月　日

记录人（签名或者盖章）：________　　年　月　日

监督人（签名或者盖章）：________　　年　月　日

第　页共　页

《涉案物品处理记录》使用指南

《涉案物品处理记录》是市场监督管理部门在对被采取行政强制措施或者没收的物品依法进行处理时所使用的文书。

1. 文书适用范围

根据《中华人民共和国行政处罚法》第五十三条第一款、《市场监督管理行政处罚程序暂行规定》第三十八条第三款等规定，市场监督管理部门在对被查封、扣押或者依法没收的物品进行处理并记载相关情况时，使用本文书。

2. 文书使用注意事项

（1）"《场所/设施/财物清单》"是指处理物品时制作的清单，"处理物品"栏中可以填写物品的处理方式。

（2）"物品来源"栏中可填写《行政处罚决定书》《实施行政强制措施决定书》等文书及文书编号。

（3）"处理依据"是指市场监督管理部门根据罚没物资处理制度、物品先行处理制度等对物品进行处理的审批决定。

（4）"监督人"一般是指市场监督管理部门纪检、法制、财务等机构的工作人员，也可以是第三方见证物品处理过程的人员。

（5）"处理情况"栏中应详细记录物品的自然状况和质量状况，以及参与处理的部门、人员、处理过程、处理结果等。

（6）根据实际情况，可附物品处理过程的照片、录像等资料。

____________市场监督管理局

责令改正通知书

____市监____字〔____〕____号

____________________：

经查，你（单位）__________________________________的行为，违反了____________________________

的规定。

按照______________________________________的规定，现责令你（单位）立即予以改正/在　　年

　　月　　日前改正。（逾期不改的，本局将按照____________________的规定，____________________

_________________。）

改正内容及要求：____。

如对本责令改正决定不服，可以自收到本通知书之日起六十日内向________人民政府或者________市场监督管理局申请行政复议，也可以在六个月内依法向____________________提起行政诉讼。

联系人：____________________联系电话：____________________

____________市场监督管理局

（印章）

年　　月　　日

本文书一式____份，____份送达，一份归档，____________。

《责令改正通知书》使用指南

《责令改正通知书》是市场监督管理部门在依法责令当事人改正违法行为时所使用的文书。

1. 文书适用范围

市场监督管理部门在按照法律、法规或者规章的规定，责令当事人改正违法行为时，使用本文书。

2. 文书使用注意事项

（1）作出责令改正的决定应当以法律、法规或者规章为依据，填写本文书时应写明所依据的具体条款。

（2）法律、法规或者规章对逾期不改、拒不改正的后果有规定的，应填写相应规定。

（3）按照《行政处罚法》第二十八条的规定，市场监督管理部门实施行政处罚时，应当责令当事人改正或者限期改正违法行为。此种情形的责令改正决定在《行政处罚决定书》或者《不予行政处罚决定书》中一并表述，不必再单独制作本文书。

（4）对责令改正决定不服的，依法申请行政复议的期限为六十日，但法律规定的申请期限超过六十日的从其规定；依法提起行政诉讼的期限为六个月，但法律另有规定的从其规定。

（5）除情节轻微、当场作出责令改正决定的情形外，使用本文书应填写《行政处罚案件有关事项审批表》，经市场监督管理部门负责人批准后制发。

（6）本文书须送达当事人，并归档。

________市场监督管理局

责令退款通知书

____市监____字〔____〕____号

__________：

经查，你（单位）__________________，违反了__________________
__________________的规定，存在致使消费者或者其他经营者多付价款的情形。按照《中华人民共和国价格法》第四十一条、《价格违法行为行政处罚规定》第十六条、《市场监督管理行政处罚程序暂行规定》第五十三条的规定，现责令你（单位）自收到本通知书之日起____日内，将消费者或者其他经营者多付的价款________元退还给消费者或者其他经营者。消费者或者其他经营者难以查找的，应当公告查找。拒不退还或者逾期未退还的部分，本局将依法予以没收。消费者或者其他经营者要求退还时，由你（单位）依法承担民事责任。

________市场监督管理局

（印章）

年　　月　　日

本文书一式____份，____份送达，一份归档，________。

《责令退款通知书》使用指南

《责令退款通知书》是市场监督管理部门在依法责令当事人退还多收价款时所使用的文书。

1. 文书适用范围

市场监督管理部门在根据《价格违法行为行政处罚规定》第十六条、《市场监督管理行政处罚程序暂行规定》第五十三条，当事人违法所得属于《中华人民共和国价格法》第四十一条规定的消费者或者其他经营者的多付价款，责令当事人限期退还时，使用本文书。

2. 文书使用注意事项

（1）本文书上应写明当事人的具体违法行为，违反的法律、法规，多付的价款金额。

（2）使用本文书须填报《行政处罚案件有关事项审批表》，经市场监督管理部门负责人批准后制发。

（3）本文书须送达当事人，并归档。

________市场监督管理局

先行登记保存证据通知书

____市监____字〔____〕____号

当事人：________________________________

主体资格证照名称：________________________________

统一社会信用代码（注册号）：________________________________

住所（住址）：________________________________

法定代表人（负责人、经营者）：________________________________

身份证（其他有效证件）号码：________________________________

联系电话：________________其他联系方式：________________

为调查你（单位）涉嫌________________________________，按照《中华人民共和国行政处罚法》第三十条的规定，本局决定对你（单位）有关证据［详见《场所/设施/财物清单》（文书编号：________）］采取先行登记保存措施。先行登记保存的证据，存放在________________。在此期间，你（单位）或者有关人员不得损毁、销毁或者转移证据。

本局将在七日内对先行登记保存的证据依法作出处理决定。逾期未作出处理决定的，先行登记保存措施自动解除。

联系人：________________联系电话：________________

附件：《场所/设施/财物清单》（文书编号：________）

________市场监督管理局

（印章）

年　　月　　日

本文书一式____份，____份送达，一份归档，____________。

《先行登记保存证据通知书》使用指南

《先行登记保存证据通知书》是市场监督管理部门在查办案件的过程中采取先行登记保存证据措施时所使用的文书。

1. 文书适用范围

市场监督管理部门根据《市场监督管理行政处罚程序暂行规定》第三十条，在证据可能灭失或者以后难以取得的情况下，对与涉嫌违法行为有关的证据采取先行登记保存措施时使用本文书。

2. 文书使用注意事项

（1）当事人有主体资格证照的，按照当事人主体资格证照记载事项填写主体资格证照名称、统一社会信用代码（注册号）、住所（住址）、法定代表人（负责人、经营者）等信息。当事人是个体工商户且有字号的，以字号名称作为当事人名称，同时填写经营者姓名、身份证或者其他有效证件名称及号码。当事人主体资格证照未加载统一社会信用代码的，填写注册号或者其他编号。当事人是个人的，按照身份证或者其他有效证件记载事项填写姓名、住址、证件号码等信息。

（2）先行登记保存的证据一般应当就地保存，由当事人妥善保管。对于被登记保存物品的状况应在所附的《场所/设施/财物清单》中作详细记录，保存地点的登记要明确、清楚。

（3）使用本文书须填报《行政处罚案件有关事项审批表》，经市场监督管理部门负责人批准后制发。

（4）本文书须送达当事人，并归档。

______________市场监督管理局

解除先行登记保存证据通知书

____市监____字〔____〕____号

____________________：

本局于________年____月____日作出《先行登记保存证据通知书》（____市监____字〔____〕____号），对你（单位）有关证据采取先行登记保存措施。现决定自________年____月____日起对全部证据/部分证据［详见《场所/设施/财物清单》（文书编号：　　　　）］予以解除先行登记保存措施。

联系人：____________________联系电话：____________________

附件：部分证据的《场所/设施/财物清单》（文书编号：________）

____________市场监督管理局

（印章）

年　　月　　日

本文书一式____份，____份送达，一份归档，____________。

《解除先行登记保存证据通知书》使用指南

《解除先行登记保存证据通知书》是市场监督管理部门在查办案件的过程中，对于先行登记保存的证据，决定解除先行登记保存措施时所使用的文书。

1. 文书适用范围

市场监督管理部门根据《市场监督管理行政处罚程序暂行规定》第三十条第二款、第三十二条第一款第五项，在对于先行登记保存的证据，决定解除先行登记保存措施时，使用本文书。

2. 文书使用注意事项

（1）当事人是个体工商户且有字号的，以字号名称作为当事人名称；没有字号的，填写经营者的姓名。

（2）对部分证据解除先行登记保存措施的，应当另行制作《场所/设施/财物清单》，写明解除财物的名称、规格、型号及数量等，并由办案人员和当事人在《场所/设施/财物清单》上签名或者盖章。

（3）使用本文书须填报《行政处罚案件有关事项审批表》，经市场监督管理部门负责人批准后制发。

（4）本文书须送达当事人，并归档。

九、调查终结

（一）撰写案件调查终结报告

市场监督管理部门的办案机构，应当根据以上调查取证情况撰写案件调查终结报告，连同案件材料交由审核机构审核。

案件调查终结报告包括以下内容。

（1）当事人的基本情况。

（2）案件来源、调查经过及采取行政强制措施的情况。

（3）调查认定的事实及主要证据。

（4）违法行为的性质。

（5）处理意见及依据。

（6）自由裁量的理由等其他需要说明的事项。

（二）得出行政处罚结论

（1）行政处罚建议被批准后，市场监督管理部门应当制作《行政处罚告知书》，书面告知当事人拟作出行政处罚决定的事实、理由及依据，并告知当事人依法享有陈述权、申辩权。拟作出的行政处罚属于听证范围的，还应当告知当事人有要求听证的权利。

（2）当事人自告知书送达之日起三个工作日内，未行使陈述权、申辩权，未要求听证的，视为放弃此权利。

（三）中止案件的相关处理

在查处商标侵权案件的过程中，对商标权属存在争议或者权利人同时向人民法院提起商标侵权诉讼的，市场监督管理部门可以中止案件的查处。中止原因消除后，应当恢复或者终结案件查处程序。

（四）文书范本

______市场监督管理局

案件调查终结报告

因当事人涉嫌______，我局于______年____月____日予以立案调查，指定______、______为办案人员。现已调查终结，报告如下。

当事人基本情况：______

案件来源、调查经过及采取行政强制措施的情况：______

调查认定的事实：______

上述事实，主要有以下证据证明：

1. ______，证明______；
2. ______，证明______；
3. ______，证明______。

案件性质：______

自由裁量理由等其他需要说明的事项：______

处理意见及依据：______

办案人员（签名）：______　　年　月　日

办案机构负责人（签名）：______　　年　月　日

《案件调查终结报告》使用指南

《案件调查终结报告》是对已经立案的案件，市场监督管理部门的办案机构在认为调查终结，将案件全部情况进行总结、提出处理意见时所使用的文书。

1. 文书适用范围

市场监督管理部门的办案机构在认为案件调查终结后，根据《市场监督管理行政处罚程序暂行规定》第四十五条撰写案件调查终结报告时，使用本文书。

2. 文书使用注意事项

（1）《市场监督管理行政处罚程序暂行规定》第四十四条规定的终止调查情形，不适用本文书。

（2）“当事人基本情况”包括当事人的姓名或者名称、地址等。当事人有主体资格证照的，按照当事人主体资格证照记载事项写明主体资格证照名称、统一社会信用代码（注册号）、住所（住址）、法定代表人（负责人、经营者）等信息。当事人是个体工商户且有字号的，以字号名称作为当事人名称，同时写明经营者姓名、身份证或者其他有效证件名称及号码。当事人主体资格证照未加载统一社会信用代码的，写明注册号或者其他编号。当事人是个人的，按照身份证或者其他有效证件记载事项写明姓名、住址、证件号码等信息。

（3）“案件来源、调查经过及采取行政强制措施的情况”栏中可填写案件线索来源，核查及立案的时间，以及采取的先行登记保存、行政强制、现场检查、抽样取证措施等案件调查情况。

（4）“调查认定的事实”是指当事人实施违法行为的具体事实，包括其从事违法行为的时间、地点、目的、手段、情节、违法所得及危害结果等。记录要客观真实，所描述的事实必须得到相关证据的支持，内容全面、重点突出。此外，还应当说明影响行政处罚裁量的事实和理由，从违法案件的具体事实、性质、情节、社会危害程度、主观过错以及公平公正要求等方面，结合自由裁量规则进行表述。

（5）“上述事实，主要有以下证据证明”栏中要将认定案件事实所依据的证据列举清楚，所列举的证据要符合证据的基本要素，并能根据证据规则认定案件事实。必要时可以将证据与所证明的事实对应列明。

（6）“处理意见”包括建议给予行政处罚、不予行政处罚、违法事实不成立予以结案、移送其他行政管理部门处理、移送司法机关等。

______市场监督管理局

案件审核表

<table>
<tr><td>案件名称</td><td colspan="3"></td></tr>
<tr><td>办案机构</td><td colspan="3"></td></tr>
<tr><td>送审时间</td><td>年　月　日</td><td>退卷时间</td><td>年　月　日</td></tr>
<tr><td>审核意见和建议</td><td colspan="3">审核人：
年　月　日</td></tr>
<tr><td>审核机构负责人意见</td><td colspan="3">审核机构负责人：
年　月　日</td></tr>
<tr><td>备注</td><td colspan="3"></td></tr>
</table>

《案件审核表》使用指南

《案件审核表》是市场监督管理部门的审核机构在对办案机构报送的《案件调查终结报告》及案件相关材料进行审核时所使用的文书。

1. 文书适用范围

市场监督管理部门审核机构根据《市场监督管理行政处罚程序暂行规定》第四十七条、第四十八条、第四十九条，在对办案机构送审的案件进行审核、提出审核意见时，使用本文书。

2. 文书使用注意事项

（1）填写“案件名称”栏采用“当事人姓名（名称）+涉嫌+违法行为性质+案”的方式表述。

（2）审核机构对办案机构送审的材料进行审核后，根据《市场监督管理行政处罚程序暂行规定》第四十八条，在“审核意见和建议”栏中提出审核意见和建议。

（3）案件有立案号的，在“案件名称”栏中一并填写。

第二节　听证

一、应当听证的情况

（1）市场监督管理部门在作出行政处罚决定之前，应当告知当事人有要求听证的权利。有下列情况之一的，在作出行政处罚决定之前应当举行听证。

1）较大数额罚款。

2）没收较大数额违法所得、没收较大价值非法财物。

3）降低资质等级、吊销许可证件。

4）责令停产停业、责令关闭、限制从业。

5）其他较重的行政处罚。

6）法律、法规或者规章规定的其他情形。

（2）向当事人告知听证权利时，应当书面告知当事人拟作出行政处罚的事实、理由和依据。

（3）除涉及国家秘密、商业秘密或者个人隐私依法予以保密外，听证公开举行。

二、举行听证的程序

（一）听证准备

（1）市场监督管理部门应当自收到当事人要求举行听证的申请之日起三个工作日内，确定听证主持人。

（2）办案人员应当自确定听证主持人之日起三个工作日内，将案件材料移交听证主持人，由听证主持人审阅案件材料，准备听证提纲。

（3）听证主持人应当自接到办案人员移交的案件材料之日起五个工作日内确定听证的时间、地点，并应当于举行听证七日前将听证通知书送达当事人。

（4）听证通知书中应当载明听证时间、听证地点及听证主持人、听证员、记录员、翻译人员的姓名，并告知当事人有申请回避的权利。

（5）第三人参加听证的，听证主持人应当在举行听证前将听证的时间、地点通知第三人。

（6）听证主持人应当于举行听证七日前将听证的时间、地点通知办案人员，并退回案件材料。

（7）公开举行听证的，市场监督管理部门应当于举行听证三日前公告当事人的姓名或者名称、案由以及举行听证的时间、地点。

（二）听证流程

（1）听证开始前，记录员应当查明听证参加人是否到场，并向到场人员宣布以下听证纪律。

1）服从听证主持人的指挥，未经听证主持人允许不得发言、提问。

2）未经听证主持人允许不得录音、录像和摄影。

3）听证参加人未经听证主持人允许不得退场。

4）不得大声喧哗，不得鼓掌、哄闹或者进行其他妨碍听证秩序的活动。

（2）听证主持人核对听证参加人，说明案由，宣布听证主持人、听证员、记录员、翻译人员名单，告知听证参加人在听证中的权利义务，询问当事人是否提出回避申请。

（3）听证按下列程序进行。

1）办案人员提出当事人违法的事实、证据、行政处罚建议及依据。

2）当事人及其委托代理人进行陈述和申辩。

3）第三人及其委托代理人进行陈述。

4）质证和辩论。

5）听证主持人按照第三人、办案人员、当事人的先后顺序征询各方最后意见。

当事人可以当场提出证明自己主张的证据，听证主持人应当接收。

（三）中止听证

有下列情形之一的，可以中止听证。

（1）当事人因不可抗力无法参加听证的。

（2）当事人死亡或者终止，需要确定相关权利义务承受人的。

（3）当事人临时提出回避申请，无法当场作出决定的。

（4）需要通知新的证人到场或者需要重新鉴定的。

（5）其他需要中止听证的情形。

中止听证的情形消失后，听证主持人应当恢复听证。

（四）终止听证

有下列情形之一的，可以终止听证。

（1）当事人撤回听证申请或者明确放弃听证权利的。

（2）当事人无正当理由拒不到场参加听证的。

（3）当事人未经听证主持人允许中途退场的。

（4）当事人死亡或者终止，并且无权利义务承受人的。

（5）其他需要终止听证的情形。

三、听证笔录

（1）记录员应当如实记录，制作《听证笔录》。《听证笔录》应当载明听证时间、地点、案由，听证人员、听证参加人姓名，各方意见及其他需要载明的事项。

（2）听证会结束后，《听证笔录》经听证参加人核对无误后，由听证参加人当场签名或者盖章。当事人、第三人拒绝签名或者盖章的，应当在《听证笔录》中记明情况。

四、听证报告

（1）听证结束后，听证主持人应当在五个工作日内撰写《听证报告》，由听证主持人、听证员签名，连同听证笔录送办案机构，办案机构连同其他案件材料一并上报市场监督管理部门负责人。

（2）《听证报告》应当包括以下内容。

1）听证案由。

2）听证人员、听证参加人。

3）听证的时间、地点。

4）听证的基本情况。

5）处理意见和建议。

6）需要报告的其他事项。

五、文书范本

行政处罚听证申请书

申请人姓名：＿＿＿＿＿＿身份证号码：＿＿＿＿＿＿＿＿＿住址：＿＿＿＿＿＿＿＿＿＿＿＿

所在单位：＿＿＿＿＿＿＿＿＿＿＿＿＿＿＿＿＿电话：＿＿＿＿＿＿＿＿＿邮编：＿＿＿＿＿

申请单位名称：＿＿＿＿＿＿＿＿＿＿＿＿＿＿＿＿＿＿法定代表人姓名：＿＿＿＿＿＿＿＿

住址：＿＿＿＿＿＿＿＿＿＿＿＿＿＿＿＿＿＿＿＿电话：＿＿＿＿＿＿＿＿＿邮编：＿＿＿＿＿

与本案关系：＿＿＿＿＿＿＿＿＿＿＿＿＿＿＿＿＿＿＿＿＿＿＿＿＿＿＿＿＿＿＿＿＿＿＿＿

委托代理人姓名：＿＿＿＿＿＿＿＿＿＿＿＿＿＿＿身份证号码：＿＿＿＿＿＿＿＿＿＿＿＿＿＿

住址：＿＿＿＿＿＿＿＿＿＿＿＿＿＿＿＿＿＿＿＿＿＿＿电话：＿＿＿＿＿＿＿＿＿＿＿＿＿＿

申请听证目的（主要要求）：＿＿＿＿＿＿＿＿＿＿＿＿＿＿＿＿＿＿＿＿＿＿＿＿＿＿＿＿＿

申请听证的事实和理由：＿＿＿＿＿＿＿＿＿＿＿＿＿＿＿＿＿＿＿＿＿＿＿＿＿＿＿＿＿＿＿

＿＿

＿＿

＿＿

＿＿

＿＿

听证申请人（签名或盖章）：

委托代理人（签名或盖章）：

年　　月　　日

注：行政处罚听证申请人是单位的，应当盖单位印章；是个人的，应当签名，以下文书与此要求相同。

______市场监督管理局

行政处罚/行政处罚听证告知书

___市监___字〔___〕___号

______：

由本局立案调查的你（单位）涉嫌______一案，已调查终结。按照《中华人民共和国行政处罚法》第四十四条的规定，现将本局拟作出行政处罚的事实、理由、依据及处罚内容告知如下：______

______

______

依据《中华人民共和国行政处罚法》第四十四条、第四十五条/《中华人民共和国行政处罚法》第四十四条、第四十五条、第六十三条，以及《市场监督管理行政处罚听证暂行办法》第五条的规定，你（单位）有权进行陈述、申辩/有权进行陈述、申辩，并可要求听证。

你（单位）自收到本告知书之日起三个工作日内，未行使陈述权、申辩权/未行使陈述权、申辩权，且未要求听证，视为放弃此权利。

联系人：______联系电话：______

______市场监督管理局

（印章）

年　　月　　日

本文书一式___份，___份送达，一份归档，______。

《行政处罚/行政处罚听证告知书》使用指南

《行政处罚/行政处罚听证告知书》是市场监督管理部门在作出行政处罚决定之前，依法告知当事人拟作出行政处罚决定的事实、理由、依据及处罚内容和告知当事人所享有的陈述权、申辩权或者听证权时所使用的文书。

1. 文书适用范围

市场监督管理部门在对当事人作出行政处罚决定之前，依法将拟作出行政处罚决定的事实、理由、依据、处罚内容，以及当事人依法享有的陈述权、申辩权或者听证权告知当事人时，使用本文书。

2. 文书使用注意事项

（1）市场监督管理部门在具体使用本文书的过程中，应在标题中选择是“行政处罚”，还是“行政处罚听证”。

（2）当事人对拟作出的行政处罚决定享有听证权的，应当制作《行政处罚听证告知书》，告知当事人享有陈述、申辩的权利及要求听证的权利。其他情形，应当制作《行政处罚告知书》，告知当事人享有陈述、申辩的权利。

（3）对涉嫌构成违法行为的当事人，要向其说明拟处罚的事实理由、依据、处罚内容，引用法律依据时应写明法律、法规或者规章的具体条款。

（4）使用本文书须填报《行政处罚案件有关事项审批表》，经市场监督管理部门负责人批准后制发。

（5）本文书须送达当事人，并归档。

______市场监督管理局

行政处罚听证通知书

___市监___字〔___〕___号

______：

根据你（单位）的要求，本局决定于______年___月___日___时___分在______ ______对你（单位）涉嫌______一案公开/不公开举行听证，请准时出席。如无正当理由不到场听证的，本局将依法终止听证。

本次听证会由______担任听证主持人，（______担任听证员），______担任记录员，（______担任翻译人员）。按照《中华人民共和国行政处罚法》第六十四条第一款第四项、《市场监督管理行政处罚听证暂行办法》第四条的规定，如认为上述人员与你（单位）有直接利害关系，你（单位）有申请回避的权利。

如果委托代理人（一至二人）代为参加听证，请提交由委托人签名或者盖章的授权委托书，委托书应当载明委托事项及权限。委托代理人代为放弃行使陈述权、申辩权和质证权的，必须有委托人的明确授权。

请参加人员携带身份证件原件，委托代理人员还应当携带授权委托书。

联系人：______联系电话：______

______市场监督管理局

（印章）

年　月　日

本文书一式___份，___份送达，一份归档，______。

《行政处罚听证通知书》使用指南

《行政处罚听证通知书》是市场监督管理部门的听证组织机构在依法通知当事人举行听证的时间、地点、相关人员姓名，以及其他相关事项时所使用的文书。

1. 文书适用范围

市场监督管理部门在办理行政处罚案件的过程中，应当事人的要求，决定举行行政处罚案件听证会的，根据《市场监督管理行政处罚听证暂行办法》第二十条，告知听证时间、听证地点和听证主持人（听证员）、记录员（翻译人员）的姓名，以及告知当事人申请回避的权利时，使用本文书。

2. 文书使用注意事项

（1）确定听证时间应当符合《行政处罚法》和《市场监督管理行政处罚听证暂行办法》关于听证通知时限的规定，即应当在举行听证的七日前将听证通知书送达当事人，将听证时间、地点通知办案人员，并退回案件材料。

（2）第三人参加听证的，应当在举行听证前将听证时间、地点通知第三人。

（3）本文书须送达当事人，并归档。

____________市场监督管理局

听证笔录

案件名称：____

时间：____________年______月______日______时______分至______时______分

地点：____

听证主持人：____________________（听证员：____________________）

记录员：____________________（翻译人员：____________________）

办案人员：____

当事人：____

[法定代表人（负责人）：____________委托代理人：____________________]

[第三人：____

法定代表人（负责人）：____________________委托代理人：____________]

[其他参加人：____]

听证过程如下。

记录员：经查，听证参加人____________________已到场，现在宣布听证纪律。

（1）服从听证主持人的指挥，未经听证主持人允许不得发言、提问。

（2）未经听证主持人允许不得录音、录像和摄影。

（3）听证参加人未经听证主持人允许不得退场。

（4）不得大声喧哗，不得鼓掌、哄闹或者进行其他妨碍听证秩序的活动。

办案人员（签名或者盖章）：____________________　　年　月　日

当事人（委托代理人）（签名或者盖章）：________________　　年　月　日

第三人（委托代理人）、其他参加人（签名或者盖章）：__________　　年　月　日

第　页共　页

报告听证主持人，听证准备就绪。

听证主持人：现在核对听证参加人。

当事人（委托代理人）：____

办案人员：____

［第三人（委托代理人）：____］

［其他参加人：____］

听证主持人：已核对当事人（委托代理人）［第三人（委托代理人）、其他参加人］和办案人员的身份。现在宣布听证会开始进行。

本局于________年____月____日依法向当事人送达了《行政处罚听证通知书》（____市监____字〔____〕____号）。经________________申请举行______________________一案听证会。本次听证主持人是________（听证员是________），记录员是________（翻译人员是________）。

现告知听证参加人在听证中的权利义务。

当事人享有以下权利：①放弃听证；②申请听证主持人（听证员）、记录员（翻译人员）回避；③当场提出证明自己主张的证据；④进行陈述和申辩；⑤经听证主持人允许，可以对相关证据进行质证；⑥经听证主持人允许，可以向到场的证人、鉴定人、勘验人发问；⑦对《听证笔录》进行审核，认为无误后签名或者盖章。

（第三人享有以下权利：①当场提出证明自己主张的证据；②进行陈述；③经听证主持人允许，可以对相关证据进行质证；④经听证主持人允许，可以向到场的证人、鉴定人、勘验人发问；⑤对《听证笔录》进行审核，认为无误后签名或者盖章。）

办案人员（签名或者盖章）：______________________________　　年　　月　　日

当事人（委托代理人）（签名或者盖章）：____________________　　年　　月　　日

第三人（委托代理人）、其他参加人（签名或者盖章）：__________　　年　　月　　日

第　　页共　　页

听证参加人承担以下义务：①遵守听证纪律；②在审核无误的《听证笔录》上签名或者盖章。

当事人（委托代理人）是否申请听证主持人（听证员）、记录员（翻译人员）回避？

当事人（委托代理人）：____

____

____

听证主持人：现在请办案人员提出当事人违法的事实、证据、行政处罚建议及依据。

____

____

____

____

听证主持人：现在请当事人（委托代理人）进行陈述和申辩。

____

____

____

____

［听证主持人：现在请第三人（委托代理人）进行陈述。］

____

____

____

____

____

办案人员（签名或者盖章）：____________________ 年 月 日

当事人（委托代理人）（签名或者盖章）：______________ 年 月 日

第三人（委托代理人）、其他参加人（签名或者盖章）：________ 年 月 日

第 页 共 页

听证主持人：现在开始质证和辩论。

____

____

____

____

[听证主持人：第三人（委托代理人）请陈述你的最后意见。]

____

____

____

____

听证主持人：请办案人员陈述最后意见。

____

____

____

____

听证主持人：当事人请陈述你的最后意见。

____

____

____

____

听证主持人：现在宣布听证结束。请听证参加人核对《听证笔录》，无误后请签名或者盖章。

办案人员（签名或者盖章）：______________________________　　年　月　日

当事人（委托代理人）（签名或者盖章）：______________________　　年　月　日

第三人（委托代理人）、其他参加人（签名或者盖章）：____________　　年　月　日

第　页共　页

《听证笔录》使用指南

《听证笔录》是市场监督管理部门在对听证会全过程进行记录时所使用的文书。

1. 文书适用范围

市场监督管理部门在应当事人的申请，就行政处罚案件举行听证会，由听证记录员根据《市场监督管理行政处罚听证暂行办法》第二十八条，记载听证时间、地点、案由，听证人员、听证参加人员姓名，各方意见，以及其他需要记载的事项时，使用本文书。

2. 文书使用注意事项

（1）根据听证参加人员情况，选择记载相应委托代理人、第三人、其他参加人等内容。

（2）听证会应当按照《市场监督管理行政处罚听证暂行办法》第二十五条规定的程序进行。

（3）本文书经听证参加人核对无误后，由听证参加人当场签名或者盖章。当事人（委托代理人）、第三人（委托代理人）拒绝签名或者盖章的，应当在《听证笔录》中记明情况。笔录需要更正的，涂改部分由要求更正的人员以签名、盖章或者其他方式确认。

______市场监督管理局

听证报告

案件名称：______

听证时间：______年______月______日______时______分至______时______分

听证地点：______

听证方式：□公开/□不公开

听证主持人：______（听证员：______）

记录员：______（翻译人员：______）

办案人员：______、______

当事人：______

[法定代表人（负责人）：______委托代理人：______]

[第三人：______

法定代表人（负责人）：______委托代理人：______]

[其他参加人：______]

听证的基本情况：______

______

______

______

______

______

______

______

______

第　页共　页

处理意见及建议：

（需要报告的其他事项：

）

听证主持人： 年 月 日

听证员： 年 月 日

第 页共 页

《听证报告》使用指南

《听证报告》是听证主持人在听证结束后向市场监督管理部门负责人报告听证情况和处理意见及建议时所使用的文书。

1. 文书适用范围

市场监督管理部门在行政处罚案件听证结束后，听证主持人根据《市场监督管理行政处罚听证暂行办法》第二十九条撰写《听证报告》、提出听证意见时，使用本文书。

2. 文书使用注意事项

（1）根据听证参加人员情况，选择记载相应委托代理人、第三人及其他参加人等内容。

（2）本文书制作要求内容完整、重点突出，应当包括以下内容：①听证案由；②听证人员、听证参加人；③听证时间、地点；④听证的基本情况；⑤处理意见及建议；⑥需要报告的其他事项。

（3）“处理意见及建议”按照事先告知当事人的拟作出的行政处罚决定，根据实际情况，可以提出同意、改变、撤销拟作出的行政处罚决定的建议，也可以提出重新进行研究、提交部门负责人集体讨论决定等建议。

（4）根据申辩不加重处罚的原则，听证主持人不应当采纳行政处罚当事人提供的对其不利的证据认定案件事实，更不能提出比拟作出行政处罚更重的行政处罚建议。

第三节　行政处罚裁量权的适用

一、不予行政处罚、减轻行政处罚、从轻行政处罚和从重行政处罚的含义

（1）不予行政处罚是指因法定原因对特定违法行为不给予行政处罚。

（2）减轻行政处罚是指适用法定行政处罚最低限度以下的处罚种类或处罚幅度。既包括在违法行为应当受到的一种或者几种处罚种类之外选择更轻的处罚种类，或者在应当并处时不并处；也包括在法定最低罚款限值以下确定罚款数额。

（3）从轻行政处罚是指在依法可以选择的处罚种类和处罚幅度内，适用较轻、较少的处罚种类或者较低的处罚幅度。其中，罚款的数额应当在从最低限到最高限这一幅度中较低的百分之三十部分。

（4）从重行政处罚是指在依法可以选择的处罚种类和处罚幅度内，适用较重、较多的处罚种类或者较高的处罚幅度。其中，罚款的数额应当在从最低限到最高限这一幅度中较高的百分之三十部分。

二、行政处罚裁量情形

（一）有下列情形之一的，应当依法不予行政处罚

（1）不满十四周岁的人有违法行为的。

（2）精神病人、智力残疾人在不能辨认或者不能控制自己行为时有违法行为的。

（3）违法行为轻微并及时改正，没有造成危害后果的。

（4）除法律另有规定外，违法行为在二年内未被发现的。

（5）其他依法应当不予行政处罚的。

（二）有下列情形之一的，应当依法从轻或者减轻行政处罚

（1）已满十四周岁不满十八周岁的人有违法行为的。

（2）主动消除或者减轻违法行为危害后果的。

（3）受他人胁迫或者诱骗实施违法行为的。

（4）配合市场监督管理部门查处违法行为有立功表现的，包括但不限于当事人揭发市场监督管理领域重大违法行为或者提供查处市场监督管理领域其他重大违法行为

的关键线索或证据，并经查证属实的。

（5）法律、法规或者规章规定其他依法应当从轻或者减轻行政处罚的。

（三）有下列情形之一的，可以依法从轻或者减轻行政处罚

（1）积极配合市场监督管理部门调查，如实陈述违法事实并主动提供证据材料的。

（2）违法行为轻微，社会危害性较小的。

（3）受他人诱骗实施违法行为的。

（4）在共同违法行为中起次要或者辅助作用的。

（5）当事人有充分证据证明不存在主观故意或者重大过失的。

（6）当事人因残疾或者重大疾病等原因生活确有困难的。

（7）其他依法可以从轻或者减轻行政处罚的。

（四）有下列情形之一的，可以依法从重行政处罚

（1）违法行为造成他人人身伤亡或者重大财产损失等严重危害后果的。

（2）在发生自然灾害、事故灾难、公共卫生或者社会安全事件期间实施违法行为的。

（3）教唆、胁迫、诱骗他人实施违法行为的。

（4）因同一性质的违法行为受过刑事处罚，或者一年内因同一性质的违法行为受过行政处罚的。

（5）阻碍或者拒不配合行政执法人员依法执行职务或者对行政执法人员打击报复的。

（6）隐藏、转移、变卖、损毁市场监督管理部门依法查封、扣押的财物或者先行登记保存的证据的，市场监督管理部门已依法对上述行为进行处罚的除外。

（7）伪造、隐匿、毁灭证据的。

（8）其他依法可以从重行政处罚的。

三、文书范本

______市场监督管理局

不予行政处罚决定书

____市监____字〔____〕____号

当事人：______
主体资格证照名称：______
统一社会信用代码（注册号）：______
住所（住址）：______
法定代表人（负责人、经营者）：______
身份证（其他有效证件）号码：______
联系电话：______其他联系方式：______
联系地址：______

（案件来源、调查经过及采取行政强制措施的情况）______

（违反法律、法规或者规章的事实）______

上述事实，主要有以下证据证明：______

（当事人陈述、申辩情况，当事人陈述、申辩的采纳情况及理由；行政处罚告知、行政处罚听证告知情况，以及复核、听证过程及意见）______

（案件性质、不予行政处罚的决定和理由）______

（救济途径和期限）______

______市场监督管理局
（印章）
年　月　日

本文书一式____份，____份送达，一份归档，______。

《不予行政处罚决定书》使用指南

《不予行政处罚决定书》是市场监督管理部门在记载对当事人作出不予行政处罚决定的事实、理由、依据等事项时所使用的文书。

1. 文书适用范围

市场监督管理部门在适用一般程序办理行政处罚案件，根据《行政处罚法》，对符合《市场监督管理行政处罚程序暂行规定》第五十四条第一款第二项的情形，或者根据其他法律、法规，作出不予行政处罚决定时，使用本文书。

2. 文书使用注意事项

（1）《不予行政处罚决定书》主要包括以下内容。

1）当事人的姓名或者名称、地址等基本情况。当事人有主体资格证照的，按照当事人主体资格证照记载事项填写主体资格证照名称、统一社会信用代码（注册号）、住所（住址）、法定代表人（负责人、经营者）等信息。当事人是个体工商户且有字号的，以字号名称作为当事人名称，同时填写经营者姓名、身份证或者其他有效证件名称及号码。当事人主体资格证照未加载统一社会信用代码的，填写注册号或者其他编号。当事人是个人的，按照身份证或者其他有效证件记载事项填写姓名、住址、证件号码等信息。

2）“案件来源、调查经过及采取行政强制措施的情况”栏中可填写案件线索来源，核查及立案的时间，以及采取的先行登记保存、行政强制、现场检查、抽样取证措施等案件调查情况。

3）“违反法律、法规或者规章的事实”栏中应填写清楚案件事实，包括从事违法行为的时间、地点、目的、手段、情节、违法所得、危害结果等。记录要客观真实，所描述的事实必须得到相关证据的支持，内容全面、重点突出。

4）“上述事实，主要有以下证据证明”栏中要将认定案件事实所依据的证据列举清楚，所列举的证据要符合证据的基本要素，并能根据证据规则认定案件事实。必要时可以将证据与所证明的事实对应列明。

5）若当事人进行陈述、申辩，或者要求听证，应记载当事人陈述、申辩的采纳情况及理由，行政处罚告知、行政处罚听证告知情况，以及复核、听证过程及意见。

6）“案件性质、不予行政处罚的决定和理由”栏中要写明对当事人违法行为的定性及依据，以及不予行政处罚的理由及依据。决定责令当事人改正或者限期改正违法行为的，应当在本文书中一并表述。

7）“救济途径和期限”栏中要写明当事人不服不予行政处罚决定申请行政复议或者提起行政诉讼的途径和期限。对此，一般表述为“如你（单位）不服本不予行政处罚决定，可以自收到本不予行政处罚决定书之日起六十日内向____________人民政府或者____________________市场监督管理局申请行政复议，也可以在六个月内依法向____________法院提起行政诉讼。”法律、法规规定应当先向行政机关申请复议，对复议决定不服再向人民法院提起诉讼的，按照法律、法规的规定执行。对不予行政处罚决定不服的，依法申请行政复议的期限为六十日，法律规定的申请期限超过六十日的从其规定；依法提起行政诉讼的期限为六个月，法律另有规定的从其规定。

（2）正文中的楷体文字为内容提示，不必体现在文书内容中。

（3）本文书须填报《行政处理决定审批表》，经市场监督管理部门负责人批准后制发。

（4）市场监督管理部门送达本文书，应当在宣告后当场交付当事人。当事人不在场的，应当在七日内按照《市场监督管理行政处罚程序暂行规定》第七十四条、第七十五条的规定送达当事人。

第四节　作出处理决定

一、一般决定的具体情况

市场监督管理部门负责人经对案件调查终结报告、核审意见、当事人的陈述、申辩意见、拟作出的行政处罚决定或者听证报告等进行审查，根据不同情况分别作出以下决定。

（1）确有依法应当给予行政处罚的违法行为的，根据情节轻重及具体情况，作出行政处罚决定。

（2）确有违法行为，但有依法不予行政处罚情形的，不予行政处罚。

（3）违法事实不能成立的，不得给予行政处罚。

（4）不属于市场监督管理部门管辖的，移送其他行政管理部门处理。

（5）违法行为涉嫌犯罪的，移送司法机关。

二、集体讨论决定的具体情况

（1）市场监督管理部门对以下类型的重大复杂案件，或者重大违法行为给予较重处罚的案件，应当提交市场监督管理部门负责人集体讨论决定。

1）拟罚款、没收违法所得和非法财物价值数额较大的案件。

2）拟责令停产停业、吊销许可证或者执照的案件。

3）涉及重大安全问题或者有重大社会影响的案件。

4）调查处理意见与审核意见存在重大分歧的案件。

5）市场监督管理部门负责人认为应当提交集体讨论的其他案件。

（2）重大复杂案件，或者重大违法行为给予较重处罚的案件范围，由省级市场监督管理部门确定。

三、制作行政处罚决定书

（1）市场监督管理部门作出行政处罚决定，应当制作行政处罚决定书，并加盖本部门印章。

（2）行政处罚决定书包括以下内容。

1）当事人的姓名或者名称、地址等基本情况。

2）违反法律、法规或者规章的事实和证据。

3）当事人陈述、申辩的采纳情况及理由。

4）行政处罚的内容和依据。

5）行政处罚的履行方式和期限。

6）不服行政处罚决定，申请行政复议或者提起行政诉讼的途径和期限。

7）作出行政处罚决定的市场监督管理部门的名称和作出决定的日期。

四、公示与时效

（一）公示

市场监督管理部门作出的行政处罚决定信息应当按照有关规定向社会公示。

（二）时效

（1）适用一般程序处理的案件应当自立案之日起九十日内作出处理决定。

（2）案情复杂或者其他原因，不能在规定期限内作出处理决定的，经市场监督管理部门负责人批准，可以延长三十日。

（3）案情特别复杂或者有其他特殊情况，经延期仍不能作出处理决定的，应当由市场监督管理机关负责人集体讨论决定是否继续延期，决定继续延期的，应当同时确定延长的合理期限。

（4）在案件处理过程中，中止、听证、公告和鉴定等的时间不计入上述所指的案件办理期限。

五、告知

市场监督管理部门对投诉、举报、申诉所涉及的违法嫌疑人作出行政处罚、不予行政处罚、销案、移送其他机关等处理决定的，应当将处理结果告知被调查人和具名投诉人、申诉人、举报人。

六、涉嫌犯罪的移交

（一）执法依据

知识产权领域的违法案件，行政执法机关根据调查收集的证据和查明的案件事实，认为存在犯罪的合理嫌疑，需要公安机关采取措施进一步获取证据以判断是否达到刑事案件立案追诉标准的，应当向公安机关移送。

已作出行政处罚决定的案件，涉嫌犯罪的，各级市场监督管理部门应当按照相关规定及时移送司法机关。根据《最高人民检察院、公安部关于公安机关管辖的刑事案件立案追诉标准的规定（二)》[以下简称《规定（二)》] 等相关条款执行。

(1)《规定（二)》第六十九条规定，[假冒注册商标案（刑法第二百一十三条)] 未经注册商标所有人许可，在同一种商品上使用与其注册商标相同的商标，涉嫌下列情形之一的，应予立案追诉。

1）非法经营数额在五万元以上或者违法所得数额在三万元以上的。

2）假冒两种以上注册商标，非法经营数额在三万元以上或者违法所得数额在二万元以上的。

3）其他情节严重的情形。

(2)《规定（二)》第七十条规定，[销售假冒注册商标的商品案（刑法第二百一十四条)] 销售明知是假冒注册商标的商品，涉嫌下列情形之一的，应予立案追诉。

1）销售金额在五万元以上的。

2）尚未销售，货值金额在十五万元以上的。

3）销售金额不满五万元，但已销售金额与尚未销售的货值金额合计在十五万元以上的。

(3)《规定（二)》第七十一条规定，[非法制造、销售非法制造的注册商标标识案（刑法第二百一十五条)] 伪造、擅自制造他人注册商标标识或者销售伪造、擅自制造的注册商标标识，涉嫌下列情形之一的，应予立案追诉。

1）伪造、擅自制造或者销售伪造、擅自制造的注册商标标识数量在二万件以上，或者非法经营数额在五万元以上，或者违法所得数额在三万元以上的。

2）伪造、擅自制造或者销售伪造、擅自制造两种以上注册商标标识数量在一万件以上，或者非法经营数额在三万元以上，或者违法所得数额在二万元以上的。

3）其他情节严重的情形。

(4）各级市场监督管理部门对应当向公安机关移送的涉嫌犯罪案件，不得以行政处罚代替移送。

(二）移送程序

(1）各级市场监督管理部门在查处违法行为过程中，必须妥善保存所收集的与违法行为有关的证据。

（2）各级市场监督管理部门对查获的涉案物品，应当如实填写涉案物品清单，并按照国家有关规定予以处理。对易腐烂、变质等不宜或者不易保管的涉案物品，应当采取必要措施，留取证据；对需要进行检验、鉴定的涉案物品，应当由法定检验、鉴定机构进行检验、鉴定，并出具检验报告或者鉴定结论。

（3）各级市场监督管理部门对应当向公安机关移送的涉嫌犯罪案件，应当立即指定两名或者两名以上行政执法人员组成专案组专门负责，核实情况后提出移送涉嫌犯罪案件的书面报告，报本机关正职负责人或者主持工作的负责人审批。

（4）各级市场监督管理部门正职负责人或者主持工作的负责人应当自接到报告之日起三日内作出批准移送或者不批准移送的决定。决定批准的，应当在二十四小时内向同级公安机关移送；决定不批准的，应当将不予批准的理由记录在案。

（5）各级市场监督管理部门向公安机关移送涉嫌犯罪案件，应当附有下列材料。

1）涉嫌犯罪案件移送书。

2）涉嫌犯罪案件情况的调查报告。

3）涉案物品清单。

4）有关检验报告或者鉴定结论。

5）其他有关涉嫌犯罪的材料。

（三）处理结果

（1）各级市场监督管理部门对公安机关决定立案的案件，应当自接到立案通知书之日起三日内将涉案物品以及与案件有关的其他材料移交公安机关，并办结交接手续；法律、行政法规另有规定的，依照其规定。

（2）公安机关对发现的违法行为，经审查，没有犯罪事实，或者立案侦查后认为犯罪事实显著轻微，不需要追究刑事责任，但依法应当追究行政责任的，应当及时将案件移送同级市场监督管理部门，有关各级市场监督管理部门应当依法作出处理。

（四）处罚实施

（1）各级市场监督管理部门对应当向公安机关移送的涉嫌犯罪案件，不得以行政处罚代替移送。各级市场监督管理部门向公安机关移送涉嫌犯罪案件前已经作出的警告，责令停产停业，暂扣或者吊销许可证、执照的行政处罚决定，不停止执行。按照行政处罚法的规定，行政执法机关向公安机关移送涉嫌犯罪案件前，已经依法给予当事人罚款的，人民法院判处罚金时，依法折抵相应罚金。

（2）各级市场监督管理部门对公安机关决定不予立案的案件，应当依法作出处理；其中，按照有关法律、法规或者规章的规定应当给予行政处罚的，应当依法实施行政处罚。

（3）各级市场监督管理部门移送涉嫌犯罪案件，应当接受人民检察院和监察机关依法实施的监督。

（4）各级市场监督管理部门违反本规定，逾期不将案件移送公安机关的，由本级或者上级人民政府，或者实行垂直管理的上级市场监督管理部门，责令限期移送，并对其正职负责人或者主持工作的负责人根据情节轻重，给予记过以上的行政处分；构成犯罪的，依法追究刑事责任。

（5）各级市场监督管理部门违反本规定，对应当向公安机关移送的案件不移送，或者以行政处罚代替移送的，由本级或者上级人民政府，或者实行垂直管理的上级市场监督管理部门，责令改正，给予通报；拒不改正的，对其正职负责人或者主持工作的负责人给予记过以上的处分；构成犯罪的，依法追究刑事责任。

七、文书范本

________市场监督管理局

行政处理决定审批表

案件名称	
立案时间	年 月 日
行政处理决定建议类别	□给予行政处罚 □不予行政处罚 □违法事实不能成立，予以结案 □移送其他行政管理部门 □移送司法机关 □其他
是否经过复核（听证）程序	□当事人未提出陈述、申辩意见或者未申请听证 □案件经复核或者听证
建议作出行政处理决定的主要事实、理由、依据及内容	办案人员： 年 月 日
当事人陈述、申辩或者听证中提出的主要意见	
复核意见或者听证意见	
办案机构负责人意见	办案机构负责人： 年 月 日
部门负责人意见	部门负责人： 年 月 日
备注	

《行政处理决定审批表》使用指南

《行政处理决定审批表》是市场监督管理部门的办案机构在案件调查终结之后，将最终处理建议提请市场监督管理部门负责人审批决定时所使用的文书。

1. 文书适用范围

市场监督管理部门的办案机构在根据《市场监督管理行政处罚程序暂行规定》第五十四条第一款，将最终处理建议提请市场监督管理部门负责人审批决定时，使用本文书。

2. 文书使用注意事项

（1）填写“案件名称”栏采用“当事人姓名（名称）+涉嫌+违法行为性质+案”的方式表述。

（2）“行政处理决定建议类别”栏中，“违法事实不能成立，予以结案”适用于《市场监督管理行政处罚程序暂行规定》第五十四条第一款第三项中规定的“违法事实不能成立的，不得给予行政处罚”的情形。

（3）本文书各栏内容由办案机构填写，报市场监督管理部门负责人审批。

（4）经市场监督管理部门负责人集体讨论的，讨论决定在本文书中应当予以记载。可由部门负责人填写集体讨论决定，表述为“经________年____月____日集体讨论决定，同意。”，也可由办案人员在“备注”栏中予以注明。

（5）经审核机构审核的，应当由办案机构在“备注”栏注明“本案已由审核机构于________年____月____日出具审核意见，审核意见为____”。

______市场监督管理局

重大复杂案件集体讨论笔录

案件名称：______

时间：______年____月____日____时____分至____时____分

地点：______

集体讨论原因：______

______

______

______

主持人：______ 职务：______ 记录人：______ 职务：______

参加人及其职务：______

______

______

______

列席人及其职务：______

______

______

______

案件承办人汇报案件情况：______

______

______

______

______

______

第 页 共 页

听证主持人汇报听证情况：

参加讨论人员意见和理由：

结论性意见：

参加讨论人员签名：

第　页　共　页

______市场监督管理局

行政处罚决定书

____市监____字〔____〕____号

当事人：________________

主体资格证照名称：________________

统一社会信用代码（注册号）：________________

住所（住址）：________________

法定代表人（负责人、经营者）：________________

身份证（其他有效证件）号码：________________

联系电话：________________其他联系方式：________________

联系地址：________________

（案件来源、调查经过及采取行政强制措施的情况）________________

____

____

（违反法律、法规或者规章的事实）________________

____

____

上述事实，主要有以下证据证明：________________

____

____

（当事人陈述、申辩情况，当事人陈述、申辩的采纳情况及理由；行政处罚告知、行政处罚听证告知情况，以及复核、听证过程及意见）________________

____

____

____

（案件性质、自由裁量的事实和理由）______

______

______

______

（行政处罚的内容和依据）______

______

______

______

（行政处罚的履行方式和期限）______

______

______

______

（救济途径和期限）______

______

______

______

______市场监督管理局

（印章）

年　月　日

（市场监督管理部门将依法向社会公示本行政处罚决定信息）

本文书一式____份，____份送达，一份归档，__________。

《行政处罚决定书》使用指南

《行政处罚决定书》是市场监督管理部门在对当事人作出行政处罚决定时所使用的文书。

1. 文书适用范围

市场监督管理部门在根据《行政处罚法》第五十二条、《市场监督管理行政处罚程序暂行规定》第五十五条，对当事人作出行政处罚决定，载明对当事人作出行政处罚决定的事实、理由、依据及处罚内容等事项时，使用本文书。

2. 文书使用注意事项

（1）使用一般程序办理的行政处罚案件适用本文书，使用简易程序办理的行政处罚案件不适用本文书。

（2）《行政处罚决定书》主要包括以下内容。

1）当事人的姓名或者名称、地址等基本情况。当事人有主体资格证照的，按照当事人主体资格证照记载事项写明主体资格证照名称、统一社会信用代码（注册号）、住所（住址）、法定代表人（负责人、经营者）等信息。当事人是个体工商户且有字号的，以字号名称作为当事人名称，同时写明经营者姓名、身份证或者其他有效证件名称及号码。当事人主体资格证照未加载统一社会信用代码的，写明注册号或者其他编号。

当事人是个人的，按照身份证或者其他有效证件记载事项写明姓名、住址、证件号码等信息。

2）“案件来源、调查经过及采取行政强制措施的情况”栏中应填写案件线索来源，核查及立案的时间，以及采取的先行登记保存、行政强制、现场检查、抽样取证措施等案件调查情况。

3）“违反法律、法规或者规章的事实”栏中应填写清楚案件事实，包括从事违法行为的时间、地点、目的、手段、情节、违法所得、危害结果等。记录要客观真实，所描述的事实必须得到相关证据的支持，内容全面、重点突出。

4）“上述事实，主要有以下证据证明”栏中要将认定案件事实所依据的证据列举清楚，所列举的证据要符合证据的基本要素，并能根据证据规则认定案件事实。必要时可以将证据与所证明的事实对应列明。

5）“当事人陈述、申辩情况，当事人陈述、申辩的采纳情况及理由；行政处罚告知、行政处罚听证告知情况，以及复核、听证过程及意见”栏中要写明行政处罚告知或者行政处罚听证告知的送达情况，以及对当事人陈述、申辩意见的复核程序及听证程序；要对当事人陈述、申辩的内容加以表述，说明市场监督管理部门的复核意见以及采纳或者不予以采纳的理由。经过听证的案件，还须写明听证意见。

6）“案件性质、自由裁量的事实和理由”及“行政处罚的内容和依据”。行政处罚的依据有两种。一是违法依据，即违法行为所直接违反的法律、法规、规章及规定。它既是判定行为是否违法的依据，也是判定构成何种违法行为即定性的依据。二是处罚依据，即决定处罚内容所依据的法律、法规、规章及规定。在表述行政处罚依据时，应当写明所依据的具体条款。应当说明影响行政处罚裁量的事实，从违法案件的具体事实、性质、情节、社会危害程度、主观过错及公平公正要求等方面，对行政处罚自由裁量的依据和理由加以表述，阐明对当事人从重、从轻、减轻处罚的情形。行政处罚的内容包括对当事人给予处罚的种类和数额，有多项的应分项写明。

7）“行政处罚的履行方式和期限”。行政处罚规定有罚款处罚的，应当写明收缴罚款的银行或者代收机构的名称、地址，以及对当事人逾期缴纳罚款可以加处罚款的表述。一般表述为“当事人应当自收到本行政处罚决定书之日起十五日内，将罚款缴至__________________________银行（代收机构名称：______________地址：________________________）。到期不缴纳罚款的，根据《中华人民共和国行政处罚法》第七十二条，本局将每日按罚款数额的百分之三加处罚款，并依法申请人民法院强制执行。”

8）“救济途径和期限”栏中要写明当事人不服行政处罚决定申请行政复议或者提起行政诉讼的途径和期限。一般表述为“如你（单位）不服本行政处罚决定，可以在收到本行政处罚决定书之日起六十日内向_______人民政府或者_______市场监督管理局申请行政复议，也可以在六个月内依法向_______法院提起行政诉讼。申请行政复议或者提起行政诉讼期间，行政处罚不停止执行。”法律、法规规定应当先向行政机关申请复议，对复议决定不服再向人民法院提起诉讼的，按照法律、法规的规定执行。对行政处罚决定不服的，依法申请行政复议的期限为六十日，法律规定的申请期限超过六十日的从其规定；依法提起行政诉讼的期限为六个月，法律另有规定的从其规定。

（3）正文中的楷体文字为内容提示，不必体现在文书内容中。

（4）本文书末尾应当载明“（市场监督管理部门将依法向社会公示本行政处罚决定信息）”。

（5）市场监督管理部门送达本文书，应当在宣告后当场交付当事人。当事人不在场的，应当在七日内按照《市场监督管理行政处罚程序暂行规定》第七十四条、第七十五条的规定送达当事人。

（6）使用本文书须填报《行政处理决定审批表》，经市场监督管理部门负责人批准后制发。

______________市场监督管理局

当场行政处罚决定书

文书编号：______________

当事人：______________

主体资格证照名称：______________

统一社会信用代码（注册号）：______________

住所（住址）：______________

法定代表人（负责人、经营者）：______________

身份证（其他有效证件）号码：______________

联系电话：______________其他联系方式：______________

执法人员：______________执法证号：______________

执法人员：______________执法证号：______________

你（单位）______________的行为，违反了______________的规定。按照《中华人民共和国行政处罚法》第二十八条、______________的规定，现责令你（单位）改正上述违法行为，并作出如下行政处罚：

□警告；

□罚款________元。

罚款按下列方式缴纳：

□当场缴纳；

□自即日起15日内通过______________缴纳罚款。

逾期不缴纳罚款的，按照《中华人民共和国行政处罚法》第七十二条的规定，本局将每日按罚款数额的百分之三加处罚款，并依法申请人民法院强制执行。

你（单位）如不服本行政处罚决定，可以在收到本当场行政处罚决定书之日起__________日内向______________人民政府或者______________市场监督管理局申请行政复议，也可以在________日内依法向__________法院提起行政诉讼。

__________市场监督管理局

（印章）

年　月　日

本行政处罚决定作出前执法人员已向你（单位）出示执法证件，告知你（单位）作出本行政处罚决定的事实、理由、依据及处罚内容，并告知你（单位）有权进行陈述和申辩。

处罚地点：______________

当事人确认及签收（签名或者盖章）：______________　年　月　日

执法人员（签名）：__________、__________　年　月　日

本文书一式____份，____份送达，一份归档，__________。

《当场行政处罚决定书》使用指南

《当场行政处罚决定书》是市场监督管理部门或者其派出机构在按照行政处罚简易程序的相关规定对违法行为人当场作出行政处罚时所使用的文书。

1. 文书适用范围

市场监督管理部门的执法人员根据《行政处罚法》第五十一条的规定，对违法事实确凿并有法定依据，对公民处以二百元以下、对法人或者其他组织处以三千元以下罚款或者警告的行政处罚，当场作出行政处罚决定时，使用本文书。

2. 文书使用注意事项

（1）本文书由市场监督管理部门预先印制并编制“文书编号”，须确保每一个文书分别标有不同编号，便于加以区分。

（2）执法人员当场作出行政处罚决定的，应当向当事人出示执法身份证件，填写本文书并当场交付当事人。

（3）当事人有主体资格证照的，按照当事人主体资格证照记载事项填写主体资格证照名称、统一社会信用代码（注册号）、住所（住址）、法定代表人（负责人、经营者）等信息。当事人是个体工商户且有字号的，以字号名称作为当事人名称，同时填写经营者姓名、身份证或者其他有效证件名称及号码。当事人主体资格证照未加载统一社会信用代码的，填写注册号或者其他编号。当事人是个人的，按照身份证或者其他有效证件记载事项填写姓名、住址、证件号码等信息。

（4）本文书中应填写对当事人违法行为的概述，对当事人违法行为定性与处罚所依据的法律、法规或者规章的具体条款，以及处罚的具体内容、时间、地点。

（5）书写罚款金额一般应当使用汉字数字，要填写正确，避免涂改。罚款缴纳方式为交至代收机构的，一般须填写代收机构的名称、地址等。

（6）根据《行政处罚法》第六十八条、第六十九条，符合相应条件的，执法人员可以当场收缴罚款。

（7）本文书应当写明当事人不服行政处罚决定申请行政复议或者提起行政诉讼的途径和期限。法律、法规规定应当先向行政机关申请复议，对复议决定不服再向人民法院提起诉讼的，按照法律、法规的规定执行。对行政处罚决定不服的，依法申请行政复议的期限为六十日，法律规定的申请期限超过六十日的从其规定；依法提起行政诉讼的期限为六个月，法律另有规定的从其规定。

（8）执法人员当场作出行政处罚决定的，有关材料须在作出行政处罚决定之日起七个工作日内交至市场监督管理部门归档保存。

______市场监督管理局

延期/分期缴纳罚款通知书

____市监____字〔____〕____号

__________：

本局于________年____月____日对你（单位）作出行政处罚决定（《行政处罚决定书》____市监____字〔____〕____号），处罚款________元。你（单位）于________年____月____日向本局提出延期/分期缴纳罚款的申请。

按照《中华人民共和国行政处罚法》第六十六条、《市场监督管理行政处罚程序暂行规定》第六十六条的规定，本局决定____

到期不缴纳罚款的，按照《中华人民共和国行政处罚法》第七十二条的规定，本局将____

______市场监督管理局

（印章）

年　月　日

本文书一式____份，____份送达，一份归档，__________。

《延期/分期缴纳罚款通知书》使用指南

《延期/分期缴纳罚款通知书》是在当事人确有经济困难，需要延期或者分期缴纳罚款，向市场监督管理部门提出书面申请，经市场监督管理部门负责人批准同意后，书面告知当事人时所使用的文书。

1. 文书适用范围

市场监督管理部门在根据《市场监督管理行政处罚程序暂行规定》第六十六条，对当事人书面提出的延期或者分期缴纳罚款申请，经市场监督管理部门负责人批准同意后，书面告知当事人时，使用本文书。

2. 文书使用注意事项

（1）延期缴纳的，应当明确延期期限；分期缴纳的，应当明确每期缴纳的金额和期限。

（2）若当事人到期不缴纳罚款，市场监督管理部门可根据《行政处罚法》第七十二条，每日按罚款数额的百分之三加处罚款，并依法申请人民法院强制执行。

（3）使用本文书须填报《行政处罚案件有关事项审批表》，经市场监督管理部门负责人批准后制发。

（4）本文书须送达当事人，并归档。

______市场监督管理局

行政处罚决定履行催告书

____市监____字〔____〕____号

____________：

本局于________年____月____日对你（单位）作出行政处罚决定（《行政处罚决定书》____市监____字〔____〕____号）。你（单位）在法定期限内对该《行政处罚决定书》确定的下列义务没有履行：

____

____

____

____

按照《中华人民共和国行政强制法》第五十四条的规定，本局现催告你（单位）自收到本催告书之日起十日内按照该《行政处罚决定书》确定的方式依法履行上述义务。

收到本催告书后，你（单位）有权进行陈述、申辩。无正当理由逾期仍不履行行政决定的，本局将依法申请人民法院强制执行。

联系人：____________联系电话：____________

____________市场监督管理局

（印章）

年　　月　　日

本文书一式____份，____份送达，一份归档，____________。

《行政处罚决定履行催告书》使用指南

《行政处罚决定履行催告书》是市场监督管理部门因当事人未在规定期限内履行行政处罚决定，在申请人民法院强制执行前，催告当事人履行义务时所使用的文书。

1. 文书适用范围

市场监督管理部门根据《行政强制法》第五十三条、第五十四条，因当事人在法定期限内不申请行政复议或者提起行政诉讼又不履行行政处罚决定，在申请人民法院强制执行前催告当事人履行相关义务时，使用本文书。

2. 文书使用注意事项

（1）本文书应当载明市场监督管理部门作出行政处罚决定的文书名称、文号，行政处罚决定书确定的义务，以及没有履行义务的情况。没有履行义务的情况，可以填写尚未缴纳罚款的数额以及加处罚款的数额，如：“①罚款五万元；②因逾期未缴纳上述罚款，依法加处的罚款五万元”。

（2）本文书须送达当事人，并归档。

____________市场监督管理局

案件移送函

____市监____字〔____〕____号

____________：

____________一案/违法线索，因____，不属于我局管辖/我局管辖困难。按照《市场监督管理行政处罚程序暂行规定》第____条（第____款）的规定，现将该案/违法线索移送你单位处理。

附件：（相关材料）

联系人：____________联系电话：____________

____________市场监督管理局

（印章）

年　月　日

本文书一式____份，____份送达，一份归档，____________。

《案件移送函》使用指南

《案件移送函》是市场监督管理部门在将案件或者违法线索移送有管辖权的部门时所使用的文书。

1. 文书适用范围

市场监督管理部门在根据《市场监督管理行政处罚程序暂行规定》第十条第一款、第十三条、第十六条第一款，需要进行案件或者违法线索移送时，使用本文书。

2. 文书使用注意事项

（1）市场监督管理部门发现已立案的案件不属于自己管辖时，应当依法移送案件。市场监督管理部门发现正在核查的违法线索不属于自己管辖、对当事人涉嫌违法行为进行调查发现当事人还有违反其他行政管理秩序的线索时，应当依法移送违法线索。

（2）受移送的部门，既可能是其他市场监督管理部门，也可能是其他行政管理部门。

（3）移送的原因，须填写法律、法规、规章及相关文件关于监管职责、地域管辖、级别管辖、特殊管辖等的具体规定。

（4）“管辖困难”是指《市场监督管理行政处罚程序暂行规定》第十条第一款所规定的情形。

（5）所附“相关材料”可以作为附件逐一列明，也可以另附清单。

（6）使用本文书须填报《行政处罚案件有关事项审批表》，经市场监督管理部门负责人批准后制发。

（7）本文书须送达受移送部门，并归档。

____________市场监督管理局

案件交办通知书

____市监____字〔____〕____号

__________________市场监督管理局：

按照《市场监督管理行政处罚程序暂行规定》第十四条第一款的规定，现将________________________

____

____

____

____

____一案交与

你局管辖。请依法处理，并将处理结果及时报送本局。

附件：（相关材料）

联系人：__________________联系电话：__________________

__________市场监督管理局

（印章）

年　　月　　日

本文书一式____份，____份送达，一份归档，__________。

《案件交办通知书》使用指南

《案件交办通知书》是上级市场监督管理部门在将本部门管辖的案件交由下级市场监督管理部门管辖时所使用的文书。

1. 文书适用范围

上级市场监督管理部门在根据《市场监督管理行政处罚程序暂行规定》第十四条第一款，将本部门管辖的案件交由下级市场监督管理部门管辖时，使用本文书。

2. 文书使用注意事项

（1）本文书应附上违法案件线索的相关材料。所附“相关材料”可以作为附件逐一列明，也可以另附清单。

（2）使用本文书须填报《行政处罚案件有关事项审批表》，经市场监督管理部门负责人批准后制发。

（3）本文书须送达承办的下级市场监督管理部门，并归档。

________市场监督管理局

涉嫌犯罪案件移送书

____市监____字〔____〕____号

____________：

____

____

____

一案/案件线索，经调查，当事人的行为涉嫌构成犯罪。按照《中华人民共和国行政处罚法》第二十七条、《行政执法机关移送涉嫌犯罪案件的规定》第三条的规定，现将该案移送你单位。

附件：（相关材料）

联系人：____________联系电话：____________

________市场监督管理局

（印章）

年　月　日

抄送：____________人民检察院

本文书一式____份，____份送达，一份归档，________。

《涉嫌犯罪案件移送书》使用指南

《涉嫌犯罪案件移送书》是市场监督管理部门在查处违法行为的过程中发现该违法行为涉嫌犯罪，按照有关规定将案件移送司法机关时所使用的文书。

1. 文书适用范围

市场监督管理部门在根据《市场监督管理行政处罚程序暂行规定》第十六条第二款，将涉嫌犯罪的违法行为移送司法机关时，使用本文书。

2. 文书使用注意事项

（1）本文书“附件”应附下列“相关材料”：涉嫌犯罪案件情况调查报告、涉案物品清单、有关检验报告或者鉴定结论，以及其他有关涉嫌犯罪的证据材料。

（2）市场监督管理部门移送涉嫌犯罪案件应当遵守《行政执法机关移送涉嫌犯罪案件的规定》等有关规定。

（3）使用本文书须填报《行政处罚案件有关事项审批表》或者《行政处理决定审批表》，经市场监督管理部门正职负责人或者主持工作的负责人批准后制发。

（4）本文书须送达受移送的公安机关，抄送同级检察机关，并归档。

移送案件涉案物品清单

单位（印章）：

名称	数量	品级	规格	型号	形态	备注

移送案件接收人：__________　　　　年　月　日

移送案件移送人：__________、__________　　　　年　月　日

注：本文书一式两份。一份送达被移送单位，一份市场监督管理部门存档。

第五节　行政处罚的简易程序

一、适用条件

违法事实确凿并有法定依据，对公民处以二百元以下、对法人或者其他组织处以三千元以下罚款或者警告的行政处罚的，可以当场作出行政处罚决定。

二、程序

（1）适用简易程序当场查处违法行为，办案人员应当向当事人出示执法证件，当场调查违法事实，收集必要的证据，填写预定格式、编有号码的行政处罚决定书。

（2）行政处罚决定书应当由办案人员签名或者盖章，并当场送达当事人。

（3）当场制作的行政处罚决定书应当载明当事人的基本情况、违法行为、行政处罚的依据和种类、罚款数额、缴款途径和期限、救济途径、部门名称、时间、地点，并加盖市场监督管理部门印章。

（4）办案人员在作出行政处罚决定前，应当告知当事人作出行政处罚决定的事实、理由和依据，并告知当事人有权进行陈述和申辩。当事人进行陈述和申辩的，办案人员应当记入笔录。

（5）适用简易程序查处案件的有关材料，办案人员应当在作出行政处罚决定之日起七个工作日内交至所在的市场监督管理部门归档保存。

第六节　行政处罚的执行

一、执行的基本原则

（1）执法全过程记录，重大行政执法决定法制审核，行政执法信息及时准确公示，行政执法全过程留痕和可回溯管理。

（2）运用说服教育、劝导示范、行政指导等非强制性手段，依法慎重实施行政强制。采用非强制性手段能够达到行政管理目的的，不得实施行政强制；违法行为情节轻微或者社会危害较小的，可以不实施行政强制；确须实施行政强制的，应当尽可能减少对市场主体正常生产经营活动的影响。

（3）开展清理整顿专项整治等活动，应当严格依法进行，除涉及人民群众生命安全、发生重特大事故或者举办国家重大活动，并报经有权机关批准外，不得在相关区域采取要求相关行业领域的市场主体普遍停产停业的措施。

（4）禁止将罚没收入与行政执法机关利益挂钩。

二、执行程序的履行

（1）市场监督管理部门对当事人作出罚款、没收违法所得行政处罚的，当事人应当自收到行政处罚决定书之日起十五日内，通过指定银行或电子支付系统缴纳罚款。按照《行政处罚法》第五十一条的规定当场作出行政处罚决定，有下列情形之一的，可以由办案人员当场收缴罚款。

1）依法给予一百元以下罚款的。

2）不当场收缴事后难以执行的。

3）在边远、水上、交通不便地区按照本法第五十一条、第五十七条的规定作出罚款决定后，当事人向指定银行或通过电子支付系统缴纳罚款确有困难，经当事人提出的。

办案人员当场收缴罚款的，必须向当事人出具国务院财政部门或者省、自治区、直辖市人民政府财政部门统一制发的专用票据。

（2）办案人员当场收缴的罚款，应当自收缴罚款之日起二日内交至所在市场监督管理部门。在水上当场收缴的罚款，应当自抵岸之日起二日内交至所在市场监督管理部门。市场监督管理部门应当在二日内将罚款缴付指定银行。

（3）当事人确有经济困难，需要延期或者分期缴纳罚款的，应当提出书面申请。经市场监督管理部门负责人批准，同意当事人延期或者分期缴纳罚款的，市场监督管理部门应当书面告知当事人延期或者分期的期限。

（4）当事人逾期不缴纳罚款的，市场监督管理部门可以每日按罚款数额的百分之三加处罚款，加处罚款的数额不得超出应缴罚款的数额。

（5）当事人在法定期限内不申请行政复议或者提起行政诉讼，又不履行行政处罚决定，且在收到催告书十日后仍不履行行政处罚决定的，市场监督管理部门可以在期限届满之日起三个月内依法申请人民法院强制执行。

第七节　行政处罚决定书的送达

一、基本原则

市场监督管理部门送达处罚决定书，应当在宣告后当场交付当事人；当事人不在场的，应当在七日内按照以下规定送达。

二、送达方式

市场监督管理部门送达执法文书，应当按下列方式送达。

（1）直接送达的，由受送达人在送达回证上注明签收日期，并签名或者盖章，受送达人在送达回证上注明的签收日期为送达日期。受送达人是公民的，本人不在时交其同住成年家属签收；受送达人是法人或者其他组织的，应当由法人的法定代表人、其他组织的主要负责人或者该法人、组织负责收件的人签收；受送达人有代理人的，可以送交其代理人签收；受送达人已向市场监督管理部门指定代收人的，送交代收人签收。受送达人的同住成年家属、法人或者其他组织负责收件的人、代理人或者代收人在送达回证上签收的日期为送达日期。

（2）受送达人或者其同住成年家属拒绝签收的，市场监督管理部门可以邀请有关基层组织或者所在单位的代表到场，说明情况，在送达回证上载明拒收事由和日期，由送达人、见证人签名或者以其他方式确认，将执法文书留在受送达人的住所；也可以将执法文书留在受送达人的住所，并采取拍照、录像等方式记录送达过程，即视为送达。

（3）直接送达有困难的，可以邮寄送达或者委托当地市场监督管理部门代为送达。邮寄送达的，以回执上注明的收件日期为送达日期；委托送达的，受送达人的签收日期为送达日期。

（4）除行政处罚决定书外，经受送达人同意，可以采用手机短信、传真、电子邮件、即时通信账号等能够确认其收悉的电子方式送达执法文书，市场监督管理部门应当通过拍照、截屏、录音、录像等方式予以记录，手机短信、传真、电子邮件、即时通信信息等到达受送达人特定系统的日期为送达日期。

（5）受送达人下落不明或者采取上述方式无法送达的，可以在市场监督管理部门公告栏和受送达人住所地张贴公告，也可以在报纸或者市场监督管理部门门户网站等刊登公告。自公告发布之日起经过六十日，即视为送达。公告送达，应当在案件材料中载明原因和经过。在市场监督管理部门公告栏和受送达人住所地张贴公告的，应当采取拍照、录像等方式记录张贴过程。

（6）市场监督管理部门可以要求受送达人签署送达地址确认书，送达受送达人确认的地址，即视为送达。受送达人送达地址发生变更的，应当及时书面告知市场监督管理部门；未及时告知的，市场监督管理部门按原地址送达，视为依法送达。

（7）因受送达人提供的送达地址不准确、送达地址变更未书面告知市场监督管理部门，导致执法文书未能被受送达人实际接收的，直接送达的，执法文书留在该地址之日为送达之日；邮寄送达的，执法文书被退回之日为送达之日。

三、文书范本

______________市场监督管理局

送达回证

送达文书名称及文号	
受送达人	
送达时间	
送达地点	
送达方式	
收件人	（签名或盖章） 年　月　日
送达人	（签名或盖章） 年　月　日
见证人	（签名或盖章） 年　月　日
备注	

《送达回证》使用指南

《送达回证》是市场监督管理部门在送达法律文书，记载相关文书送达情况时所使用的文书。

1. 文书适用范围

根据《市场监督管理行政处罚程序暂行规定》第七十三条、第七十四条、第七十五条，市场监督管理部门在办理行政处罚案件，需要送达法律文书时，使用本文书。

2. 文书使用注意事项

（1）本文书一般适用于直接送达、留置送达和委托送达。

（2）“送达时间”应当精确到日。根据实际情况，也可精确到“××时××分”。

（3）“送达地点”栏中应当填写街道、楼栋、单元、门牌号等完整信息。

（4）“收件人”栏中应签名或盖章，并填写收件时间。“收件人”与“受送达人”不一致时，应当在“备注”栏中注明“收件人”的身份。

________市场监督管理局

当事人送达地址确认书

<table>
<tr><td>案件名称</td><td colspan="2"></td></tr>
<tr><td>告知事项</td><td colspan="2">按照《市场监督管理行政处罚程序暂行规定》第七十四条第四项、第七十五条的规定，告知如下。
1. 为便于及时收到市场监督管理部门的相关文书，保证案件调查的顺利进行，市场监督管理部门可以要求受送达人签署送达地址确认书，送达受送达人确认的地址，即视为送达。
2. 受送达人送达地址发生变更的，应当及时书面告知市场监督管理部门，未及时告知的，市场监督管理部门按原地址送达，视为依法送达。
3. 因受送达人提供的送达地址不准确、送达地址变更未书面告知市场监督管理部门，导致执法文书未能被受送达人实际接收的：直接送达的，执法文书留在该地址之日为送达之日；邮寄送达的，执法文书被退回之日为送达之日。
4. 经受送达人同意，可以采用手机短信、传真、电子邮件、即时通信账号等能够确认其收悉的电子方式送达执法文书（行政处罚决定书除外），手机短信、传真、电子邮件、即时通信信息等到达受送达人特定系统的日期为送达日期。</td></tr>
<tr><td rowspan="5">送达地址及送达方式</td><td>是否接受电子送达：
□是□否
（送达行政处罚决定书除外）</td><td>□手机号码：
□传真号码：
□电子邮件地址：
□即时通信账号：
以传真、电子邮件等到达本人特定系统的日期为送达日期。</td></tr>
<tr><td>送达地址</td><td></td></tr>
<tr><td>收件人</td><td></td></tr>
<tr><td>收件人联系电话</td><td></td></tr>
<tr><td>邮政编码</td><td></td></tr>
<tr><td>当事人确认</td><td colspan="2">本人已阅读（已向本人宣读）上述告知事项，清楚了解其内容及法律意义，并保证以上送达地址及送达方式准确、有效。

当事人（委托代理人）签名、盖章：
年　月　日</td></tr>
<tr><td>备注</td><td colspan="2"></td></tr>
</table>

《当事人送达地址确认书》使用指南

《当事人送达地址确认书》是市场监督管理部门在要求受送达人确认送达地址和选择送达方式时所使用的文书。

1. 文书适用情形

市场监督管理部门在查办案件的过程中，根据《市场监督管理行政处罚程序暂行规定》第七十四条第四项和第七十五条，请受送达人同意市场监督管理部门以电子方式送达执法文书、确认送达地址时，使用本文书。

2. 文书使用注意事项

（1）当事人的“送达地址”应当由当事人本人或者当事人的委托代理人填写；当事人不能书写又没有代理人的，可以口述后由执法人员代为填写，并经执法人员向其宣读后，由当事人签名、盖章或以其他方式确认。

（2）当事人委托代理人签署本文书的，应当提供有相应权限的《授权委托书》及委托代理人的身份证明文件。

第八节　结案与归档

一、结案时效

适用一般程序的案件有以下情形之一的，办案机构应当在十五个工作日内填写结案审批表，经市场监督管理部门负责人批准后，予以结案。

（1）行政处罚决定执行完毕的。

（2）人民法院裁定终结执行的。

（3）案件终止调查的。

（4）作出以下决定的。

1）确有违法行为，但有依法不予行政处罚情形的，不予行政处罚。

2）违法事实不能成立的，不得给予行政处罚。

3）不属于市场监督管理部门管辖的，移送其他行政管理部门处理。

4）违法行为涉嫌犯罪的，移送司法机关。

（5）其他应予结案的情形。

二、材料整理

（一）基本原则

结案后，办案人员应当将案件材料按照档案管理的有关规定立卷归档。案卷归档应当一案一卷、材料齐全、规范有序。

（二）归档

（1）案卷可以分正卷、副卷。正卷按照下列顺序归档。

1）立案审批表。

2）行政处罚决定书及送达回证。

3）对当事人制发的其他法律文书及送达回证。

4）证据材料。

5）听证笔录。

6）财物处理单据。

7）其他有关材料。

（2）副卷按照下列顺序归档。

1）案源材料。

2）调查终结报告。

3）审核意见。

4）听证报告。

5）结案审批表。

6）其他有关材料。

案卷的保管和查阅，按照档案管理的有关规定执行。

三、文书范本

____________市场监督管理局

结案审批表

<table>
<tr><td>案件名称</td><td colspan="4"></td></tr>
<tr><td>立案日期</td><td colspan="2"></td><td>案件承办人员</td><td></td></tr>
<tr><td>处理决定文号</td><td colspan="2"></td><td>处理决定日期</td><td></td></tr>
<tr><td>结案情形</td><td colspan="4">□行政处罚决定执行完毕 □人民法院裁定终结执行
□案件终止调查 □不予行政处罚
□违法事实不能成立 □移送其他行政管理部门
□移送司法机关 □其他：____________</td></tr>
<tr><td>行政处罚内容</td><td colspan="4"></td></tr>
<tr><td>行政处罚决定的执行方式</td><td>□主动履行
□强制执行
□其他：____________</td><td colspan="2">罚没财物处置情况</td><td></td></tr>
<tr><td>案件承办人员意见</td><td colspan="4">案件承办人员：
年 月 日</td></tr>
<tr><td>承办机构负责人意见</td><td colspan="4">承办机构负责人：
年 月 日</td></tr>
<tr><td>部门负责人意见</td><td colspan="4">部门负责人：
年 月 日</td></tr>
<tr><td>备注</td><td colspan="4"></td></tr>
</table>

《结案审批表》使用指南

《结案审批表》是市场监督管理部门在结案时所使用的文书。

1. 文书适用范围

市场监督管理部门在适用一般程序办理行政处罚案件，根据《市场监督管理行政处罚程序暂行规定》第七十条予以结案时，使用本文书。

2. 文书使用注意事项

（1）填写“案件名称”栏采用“当事人姓名（名称）+违法行为性质+案”的方式表述。对于案件终止调查、违法事实不能成立、立案调查后移送其他行政管理部门和司法机关等处理决定，采用“当事人姓名（名称）+涉嫌+违法行为性质+案”的方式表述。

（2）案件终止调查或者违法事实不能成立的，不需要填写“处理决定文号”。“处理决定日期”栏中填写相应《行政处罚案件有关事项审批表》中的日期。

（3）“罚没财物处置情况”栏中应当写明罚没财物的处置时间、方式及结果。

行政处罚案件卷宗封面

全宗号	目录号	案卷号

<table>
<tr><td>全宗名称</td><td colspan="3">________市场监督管理局</td></tr>
<tr><td>档案类别</td><td colspan="3">行政处罚案件卷宗</td></tr>
<tr><td>案件名称</td><td colspan="3"></td></tr>
<tr><td>行政处罚
（不予行政处罚）
决定书文号</td><td></td><td>办案机构</td><td></td></tr>
<tr><td>办案日期</td><td>立案日期　　年　月　日
结案日期　　年　月　日</td><td>保管期限</td><td></td></tr>
<tr><td colspan="2">本卷共________件________页</td><td>归档号</td><td></td></tr>
</table>

《行政处罚案件卷宗封面》使用指南

《行政处罚案件卷宗封面》是市场监督管理部门在行政处罚案件结案后将案件材料立卷归档时所制作的案卷封面。

1. 文书适用范围

市场监督管理部门在根据《市场监督管理行政处罚程序暂行规定》第七十一条，将案件材料立卷归档，制作、填写卷宗封面，以便于案卷归档、保管、查阅时，使用本文书。

2. 文书使用注意事项

（1）结案后，负责整理、装订案卷的工作人员应当将案件材料按照档案管理的有关规定立卷归档。案卷归档应当一案一卷、材料齐全、规范有序。案卷可以分正卷、副卷，并按照要求归档。

（2）制作本文书须符合《文书档案案卷格式》（GB/T 9705—2008）的基本要求，封面尺寸、填写方法等须规范、统一。

（3）填写“案件名称”栏采用“当事人姓名（名称）+违法行为+案”的方式表述。对于案件终止调查、违法事实不能成立、立案调查后移送司法机关等处理决定，采用“当事人姓名（名称）+涉嫌+违法行为+案”的方式表述。

（4）“行政处罚（不予行政处罚）决定书文号”栏中按照《行政处罚决定书》或者《不予行政处罚决定书》发文字号填写。对于案件终止调查、违法事实不能成立、立案调查后移送司法机关等处理决定，不填写此项内容。

（5）“办案机构”是指市场监督管理部门负责承办案件的机构。

（6）“保管期限”须按照行政处罚案件档案保管期限有关规定填写具体年限，保管期限自立卷之日起计算。

（7）卷内文件情况，须写明卷内文书、文件的件数及总页数。

（8）“归档号”栏由立卷人填写。以八位阿拉伯数字表示，前四位为案件办理当年的年份号，后四位为结案案件的流水号，自“0001”号开始，一案一号，依次编号。案件跨年度办结的，前四位使用案件办理当年的年份号，后四位按当年结案案件的流水号排序。

（9）“全宗号”“目录号”“案卷号”栏由本部门档案管理部门填写。“全宗号”是档案主管部门指定给立档单位的编号。“目录号”是全宗内案卷所属目录的编号，在同一个全宗内不允许出现重复的目录号。“案卷号”是目录内案卷的顺序编号，在同一个案卷目录内不允许出现重复的案卷号，案卷号可依行政处罚决定书文号确定。

卷内文件目录

序号	文号	文件名称	日期	页号	备注

《卷内文件目录》使用指南

《卷内文件目录》是市场监督管理部门在行政处罚案件结案后，将案件材料装订成卷时记述有关案卷内材料的文书。

1. 文书适用范围

市场监督管理部门在案件结案后，将案件材料按照档案管理的有关规定立卷归档，根据《市场监督管理行政处罚程序暂行规定》第七十一条第二款、第三款，标示案卷内材料及顺序时，使用本文书。

2. 文书使用注意事项

（1）制作本文书须符合《文书档案案卷格式》（GB/T 9705—2008）的基本要求，幅面尺寸、填写方法等须规范、统一。

（2）“序号”栏中使用阿拉伯数字填写。卷内文件应按照《市场监督管理行政处罚程序暂行规定》第七十一条第二款、第三款规定的顺序依次排列。发生行政复议或者行政诉讼的，行政复议答复书、行政诉讼答辩状以及行政复议决定书、行政判决书等文书材料应予归档。

（3）卷内文件有文号的，应填入“文号”栏中。

（4）写明该文件的制作、收集日期。填写时可省略“年”“月”“日”字样。以八位数字表示，前四位表示年，中间两位表示月，后两位表示日，月、日不足两位的，前面补“0”。

（5）每份文件应写明在整个案卷中的起止页号。以阿拉伯数字编写页号，空白页不编写页号。页号应逐页编制，宜分别标注在文件正面右上角或背面左上角的空白位置。

（6）“备注”栏中的填写需要说明卷内文件变化，以及需要注释说明的其他情况。

卷内备考表

本卷情况说明：

（缺损、修改、补充、部分灭失等情况）

立卷人：

检查人：

立卷时间：

《卷内备考表》使用指南

《卷内备考表》是市场监督管理部门按照档案管理的有关规定，在案件办结归档时，为记录、说明案卷内材料状况所使用的文书。

1. 文书适用范围

市场监督管理部门在案件办结归档，记录、说明案卷内材料状况时，使用本文书。

2. 文书使用注意事项

（1）制作本文书须符合《文书档案案卷格式》（GB/T 9705—2008）基本要求，幅面尺寸、填写方法等须规范、统一。

（2）“本卷情况说明”栏中写明有无缺损、修改、补充、部分灭失等情况。立卷后发生或者发现的问题由有关的档案管理人员填写并签名、标注时间。

（3）“立卷人”栏中由整理、装订案卷的工作人员签名，一般是市场监督管理部门的办案人员，也可以是负责档案工作的人员。

（4）“检查人”栏中由负责检查案卷质量的审核人员签名。

（5）“立卷时间”栏中填写案卷整理完毕经审核合格予以归档的日期。

第八章
违反地理标志使用规范的行为

第一节　具体行为的认定

一、地理标志专用标志

（一）地理标志专用标志的合法使用人

（1）经公告核准使用地理标志专用标志的生产者。

（2）经公告地理标志已作为集体商标注册的注册人的集体成员。

（3）经公告备案的已作为证明商标注册的地理标志的被许可人。

（4）经国家知识产权局登记备案的其他使用人。

（二）地理标志专用标志合法使用人履行的义务

（1）按照相关标准、管理规范和使用管理规则组织生产地理标志产品。

（2）按照地理标志专用标志的使用要求，规范标示地理标志专用标志。

（3）及时向社会公开并定期向所在地知识产权管理部门报送地理标志专用标志使用情况。

（三）地理标志专用标志合法使用人可采用的地理标志专用标志标示的方法

（1）采取直接贴附、刻印、烙印或者编织等方式将地理标志专用标志附着在产品本身、产品包装、容器、标签等上。

（2）使用在产品附加标牌、产品说明书、介绍手册等上。

（3）使用在广播、电视、公开发行的出版物等媒体上，包括使用在以广告牌、邮寄广告或者其他广告方式为地理标志进行的广告宣传上。

（4）使用在展览会、博览会上，包括使用在展览会、博览会上提供的使用地理标志专用标志的印刷品及其他资料上。

（5）将地理标志专用标志使用于电子商务网站、微信、微信公众号、微博、二维码、手机应用程序等互联网载体上。

（6）其他合乎法律、法规规定的标示方法。

二、集体商标、证明商标

（1）集体商标注册人的成员发生变化的，注册人应当向国家知识产权局申请变更注册事项，由国家知识产权局公告。

（2）证明商标注册人许可他人使用其商标的，注册人应当在一年内报国家知识产权局备案，由国家知识产权局公告。

（3）申请转让集体商标、证明商标的，受让人应当具备相应的主体资格，并符合《商标法》及其实施条例和《集体商标、证明商标注册和管理办法》的规定。

（4）集体商标、证明商标发生移转的，权利继受人应当具备相应的主体资格，并符合《商标法》及其实施条例的规定。

（5）集体商标不得许可非集体成员使用。

第二节　违法行为的认定

一、违反《中华人民共和国产品质量法》的相关行为

任何单位或个人有下列行为之一的，依照《中华人民共和国产品质量法》（以下简称《产品质量法》）处理。

（1）通过使用产品名称或者产品描述，使公众误认为产品来自受保护地理标志产品产地的。

（2）未经批准擅自在产品上使用专用标志的。

（3）在产品上使用与专用标志相似的标志，使公众误以为是专用标志的。

（4）销售上述产品的。

二、违法使用受保护地理标志产品名称并销售产品

任何单位或者个人在产地范围之外的相同或者类似产品上使用受保护地理标志产品名称的或销售上述产品的，以及在产地范围内未在公告中列明的生产者在产品上使用受保护地理标志产品名称的。

三、地理标志产品名称管理不当

地理标志产品获得保护后，申请人没有采取措施对地理标志产品的名称、专用标志使用和质量特色等进行管理，致使地理标志产品达不到其质量要求，或者造成不良社会影响的。

四、违规使用专用商标

（1）公告中列明的生产者和中国经销商使用未经认定的地理标志产品名称，未按照有关规定使用地理标志专用标志的。

（2）公告中列明的生产者未按照相应标准或者管理规范组织生产的。

五、违反集体商标、证明商标的使用、管理规定

（1）集体商标注册人的成员发生变化，未向国家知识产权局申请变更事项并公告的。

（2）未经备案、公告证明商标注册人准许他人使用其商标的。

（3）申请转让集体商标、证明商标的受让人不具备相应的主体资格的。

（4）集体商标、证明商标发生移转的权利继受人不具备相应的主体资格的。

（5）将集体商标许可非集体成员使用的。

第三节　案例指引

案例一

L县市场监督管理局执法人员在日常检查中发现，辖区内某水产公司销售的红烧鲍鱼、清汤鲍鱼罐头的外包装上印有“中华人民共和国地理标志GI”标志，但标志图案模糊不清，部分汉字无法辨认，当事人表示该产品是从其他生产厂家进购，联系生产方后，生产方也无法提供地理标志产品保护的相关证明文件，该行为涉嫌侵犯地理标志证明商标。

地理标志产品是指产自特定地域，所具有的质量、声誉或其他特性主要取决于该产地的自然因素和人文因素，经审核批准以地理名称进行命名的产品。该案件当事人违反了《产品质量法》第五条规定，其销售的鲍鱼罐头属于“伪造或者冒用认证标志等质量标志”的产品。对此，该局执法人员责令当事人立即改正违法行为，没收违法产品，并对其处以1 908元罚款。

案例二

2018年3月，S市Q区市场监督管理局根据“”地理标志证明商标所有人A地区苹果协会的投诉举报线索，对当事人甲侵犯其地理标志证明商标专用权的行为立案调查。经查，A地区苹果协会于200×年××月××日在第31类苹果商品上注册“”地理标志证明商标，注册证号为第59189××号。当事人甲自201×年××月起，在S市Q区H镇国际农产品交易中心从事苹果批发及零售活动，在未经A地区苹果协会许可的情况下，擅自将其从S省等地收购来的苹果，装入印有“A地区”“中国-××”等字样的包装箱内，并以每箱50元的价格假冒A地区苹果对外销售。执法人员现场查获侵权A地区苹果673箱，违法经营所得共计33 650元。Q区市场监督管理局根据《商标法》第六十条，对当事人侵犯地理标志证明商标专用权的行为作出责令立即停止侵权行为、没收侵权商品，并处罚款5万元的行政处罚。

案例三

自2018年5月起，当事人S工业园区Y大闸蟹有限公司从大闸蟹交易市场购进大闸蟹，在对所购进大闸蟹产地未作区分的情况下，加施“阳澄湖大闸蟹”地理标志，并以“阳澄湖大闸蟹”的名义在各大网络平台开设网店对外销售。

经查，当事人曾是“阳澄湖大闸蟹”地理标志产品授权使用单位，应当知道其销售的使用“阳澄湖大闸蟹”地理标志的大闸蟹应为阳澄湖所产，其在未作区分的大闸蟹上仍加施“阳澄湖大闸蟹”地理标志，应认定其行为具有明显的主观故意。此外，当事人的大闸蟹进销货台账不完整，具有明显逃避检查的主观故意。

按照《S市阳澄湖大闸蟹地理标志产品保护办法》的相关规定，城区市场监督管理部门对当事人处以3万元罚款。S市阳澄湖大闸蟹地理标志保护委员会按照规定取消当事人“阳澄湖大闸蟹”地理标志授权，S市阳澄湖大闸蟹行业协会取消其会员资格。各大网络平台禁售该企业自称的“阳澄湖大闸蟹”。

第四节　处罚措施

一、违反《产品质量法》的相关行为

（1）伪造产品产地的，伪造或者冒用他人厂名、厂址的，伪造或者冒用认证标志

等质量标志的，责令改正违法行为，没收违法生产、销售的产品，并处违法生产、销售产品货值金额等值以下的罚款。

（2）有违法所得的，并处没收违法所得。

（3）情节严重的，吊销营业执照。

二、违法使用受保护地理标志产品名称并销售产品

（1）由违法行为发生地县级以上市场监督管理部门予以制止，并根据情节给予警告、罚款等行政处罚。

（2）有违法所得的，可以处违法所得三倍最高不得超过三万元的罚款，没有违法所得的，可以处一万元以下的罚款。

三、地理标志产品名称管理不当

（1）由地方市场监督管理部门责令限期改正违法行为。

（2）拒不改正的，有违法所得的，可以处违法所得三倍最高不得超过三万元的罚款，没有违法所得的，可以处一万元以下的罚款。

四、违规使用专用标志

（1）由地方知识产权管理部门责令限期改正违法行为。

（2）期满不改正的，视情节由国家知识产权局停止其使用地理标志产品名称和专用标志，并发布公告。

五、违反集体商标、证明商标的使用、管理规定

（1）由市场监督管理部门责令限期改正违法行为。

（2）拒不改正的，处以违法所得三倍以下的罚款，但最高不超过三万元；没有违法所得的，处以一万元以下的罚款。

第九章
农产品地理标志

第一节　具体行为的认定

一、农产品地理标志的取得与使用

（一）申请农产品地理标志登记的条件

（1）称谓由地理区域名称和农产品通用名称构成。

（2）产品有独特的品质特性或者特定的生产方式。

（3）产品品质和特色主要取决于独特的自然生态环境和人文历史因素。

（4）产品有限定的生产区域范围。

（5）产地环境、产品质量符合国家强制性技术规范要求。

（二）申请人条件

（1）为县级以上地方人民政府确定的农民专业合作经济组织、行业协会等组织。

（2）具有监督和管理农产品地理标志及其产品的能力。

（3）具有为地理标志农产品的生产、加工、营销提供指导服务的能力。

（4）具有独立承担民事责任的能力。

（三）农产品地理标志的申请使用

（1）生产经营的农产品产自登记确定的地域范围。

（2）已取得与登记农产品相关的生产经营资质。

（3）能够严格按照规定的质量技术规范组织开展生产经营活动。

（4）具有地理标志农产品市场开发经营能力。

使用农产品地理标志，应当按照生产经营年度与登记证书持有人签订农产品地理标志使用协议，在协议中载明使用的数量、范围及相关的责任义务。

（四）《中华人民共和国农产品质量安全法》（以下简称《农产品质量安全法》）的有关规定

农产品生产企业、农民专业合作经济组织以及从事农产品收购的单位或者个人销售的农产品，按照规定应当包装或者附加标识的，须经包装或者附加标识后方可销售。

二、农产品地理标志的产品质量

（一）农产品地理标志使用人应当履行的义务

（1）自觉接受登记证书持有人的监督检查。

（2）保证地理标志农产品的品质和信誉。

（3）正确、规范地使用农产品地理标志。

（二）《农产品质量安全法》的有关规定

销售的农产品必须符合农产品质量安全标准，生产者可以申请使用无公害农产品标志。农产品质量符合国家规定的有关优质农产品标准的，生产者可以申请使用相应的农产品质量标志。

禁止冒用上述规定的农产品质量标志。

三、绿色食品标志的取得与使用

（一）申请使用绿色食品标志产品的条件

（1）产品或产品原料产地环境符合绿色食品产地环境质量标准。

（2）农药、肥料、饲料、兽药等投入品使用符合绿色食品投入品使用准则。

（3）产品质量符合绿色食品产品质量标准。

（4）包装、储藏、运输符合绿色食品包装、储藏、运输标准。

（二）标志使用人在证书有效期内应当履行的义务

（1）严格执行绿色食品标准，保持绿色食品产地环境和产品质量稳定可靠。

（2）遵守标志使用合同及相关规定，规范使用绿色食品标志。

（3）积极配合县级以上人民政府农业行政主管部门的监督检查及其所属绿色食品工作机构的跟踪检查。

（4）未经中国绿色食品发展中心许可，任何单位和个人不得使用绿色食品标志。禁止将绿色食品标志用于非许可产品及其经营性活动。

第二节　违法行为的认定

一、不当使用农产品地理标志

（1）未经许可擅自使用农产品地理标志的。

（2）伪造农产品质量标志的。

二、农产品地理标志的产品质量问题

农产品地理标志使用人未履行地理标志农产品的品质和信誉义务，造成消费者损害的。

三、违法滥用绿色食品标志

（1）私自转借、转让、变相转让、出售、赠与绿色食品标志使用权的。

（2）在非获证产品包装、标签、说明书及其经营活动中使用绿色食品标志的。

（3）逾期未提出续展申请，或者申请续展未通过继续使用绿色食品标志的。

（4）连续两年被查出违规使用绿色食品标志的。

（5）不按规定使用绿色食品标志，并拒绝整改的。

（6）其他违反规定使用或损害绿色食品标志行为的。

四、不当使用绿色食品标志

（1）未经中国绿色食品发展中心许可擅自使用绿色食品标志的。

（2）伪造绿色食品标志的。

（3）使用与绿色食品标志相近、易产生误解的名称或标识及可能误导消费者的文字或图案标志，使消费者将该产品误认为绿色食品标志的。

（4）对绿色食品标志专用权造成其他损害的。

五、绿色食品标志使用人的违法行为

（1）产地环境不符合绿色食品环境质量标准的。

（2）产品质量不符合绿色食品产品质量标准的。

（3）年度检查不合格的。

（4）未遵守绿色食品标志使用合同约定的。

（5）违反规定使用绿色食品标志和证书的。

（6）以欺骗、贿赂等不正当手段取得绿色食品标志使用权的。

绿色食品标志使用人依照上述规定被取消绿色食品标志使用权的，三年内中国绿色食品发展中心不再受理其申请；情节严重的，永久不再受理其申请。

第三节　处罚措施

一、不当使用农产品地理标志

（1）由农业农村部注销其农产品地理标志登记证书并对外公告。

（2）根据《农产品质量安全法》第五十一条，冒用农产品质量标志的，责令改正违法行为，没收违法所得，并处二千元以上二万元以下罚款。

（3）根据《产品质量法》第五十三条，伪造产品产地的，伪造或者冒用他人厂名、厂址的，伪造或者冒用认证标志等质量标志的，责令改正违法行为，没收违法生产、销售的产品，并处违法生产、销售产品货值金额等值以下的罚款；有违法所得的，并处没收违法所得；情节严重的，吊销营业执照。

二、农产品地理标志的产品质量问题

（1）根据《农产品质量安全法》第五十条，农产品生产企业、农民专业合作经济组织销售的农产品不符合农产品质量安全标准的，责令停止销售，追回已经销售的农产品，对违法销售的农产品进行无害化处理或者予以监督销毁；没收违法所得，并处二千元以上二万元以下罚款。

（2）农副产品质量问题依据《中华人民共和国食品安全法》（以下简称《食品安

全法》）的相关条文处罚。

三、违法滥用绿色食品标志

（1）授权机构有权取消其绿色食品标志使用权，必要时移交相关执法部门调查处理，或寻求司法途径解决。

（2）按照相关法律、法规和相关规定进行处理，必要时移交相关执法部门调查处理或向法院起诉，对情节严重，构成犯罪的，报请司法机关依法追究刑事责任。

（3）根据《产品质量法》第五十三条，伪造产品产地的，伪造或者冒用他人厂名、厂址的，伪造或者冒用认证标志等质量标志的，责令改正违法行为，没收违法生产、销售的产品，并处违法生产、销售产品货值金额等值以下的罚款；有违法所得的，并处没收违法所得；情节严重的，吊销营业执照。

四、绿色食品标志使用人的违法行为

由中国绿色食品发展中心取消其绿色食品标志使用权，收回绿色食品标志使用证书，并予公告。

五、认证机构的不当行为

根据《食品安全法》一百三十九条，违反本法规定，认证机构出具虚假认证结论，由认证认可监督管理部门没收所收取的认证费用，并处认证费用五倍以上十倍以下罚款，认证费用不足一万元的，并处五万元以上十万元以下罚款；情节严重的，责令停业，直至撤销认证机构批准文件，并向社会公布；对直接负责的主管人员和负有直接责任的认证人员，撤销其执业资格。

认证机构出具虚假认证结论，使消费者的合法权益受到损害的，应当与食品生产经营者承担连带责任。

第十章
国外地理标志产品

第一节　具体行为的认定

一、在华保护的国外地理标志产品

（1）在华保护的国外地理标志产品，其标注的产品名称、产地等信息应与国家知识产权局批准公告的信息相符。

（2）在华保护的国外地理标志产品申请人应当以中文向社会公布其产品所执行的地理标志法律、法规及技术标准。

（3）在华保护的国外地理标志产品申请人须履行相应的管理责任，制定管理措施，对其产品的名称、质量特色、专用标志使用等进行管理。

（4）在华保护的国外地理标志产品的产地范围，质量技术要求，产地范围内的生产者、协会或社团名称、地址等重大信息发生变更的，国外地理标志产品申请人应在九十日内向国家知识产权局提出变更申请。经技术审查合格，由国家知识产权局发布公告予以变更。

（5）已经获得在华保护的国外地理标志产品，在华发生重大负面影响时，国家知识产权局认为确有必要的，可组织对其质量特色和产地条件等进行进一步实地核查，申请人应予配合。

二、地理标志专用标志的使用

地理标志专用标志使用实行自我声明制度，一经使用在华保护的产品名称和中华人民共和国地理标志专用标志，则视其自我声明该产品符合国家知识产权局国外地理标志产品批准公告的要求。

第二节　处罚措施

一、投诉

（1）各级知识产权行政部门受理侵犯在华保护的国外地理标志产品合法权益的举报投诉，相关部门依法对违法行为进行查处。

（2）在华保护的国外地理标志产品与中国地理标志产品享受同等保护。

二、撤销

在华保护的国外地理标志产品，存在下列情形之一的，国家知识产权局可以撤销；任何单位或个人可以请求国家知识产权局予以撤销，并提供相关证据材料。

（1）地理标志产品在原产国或地区被撤销保护的。

（2）中国司法机关作出撤销保护生效判决的。

（3）在中国境内属于通用名称或演变为通用名称的。

（4）存在严重违反中国相关法律、法规及相关规定情形的。

附录一　市场监督管理部门一般程序案件执法流程图

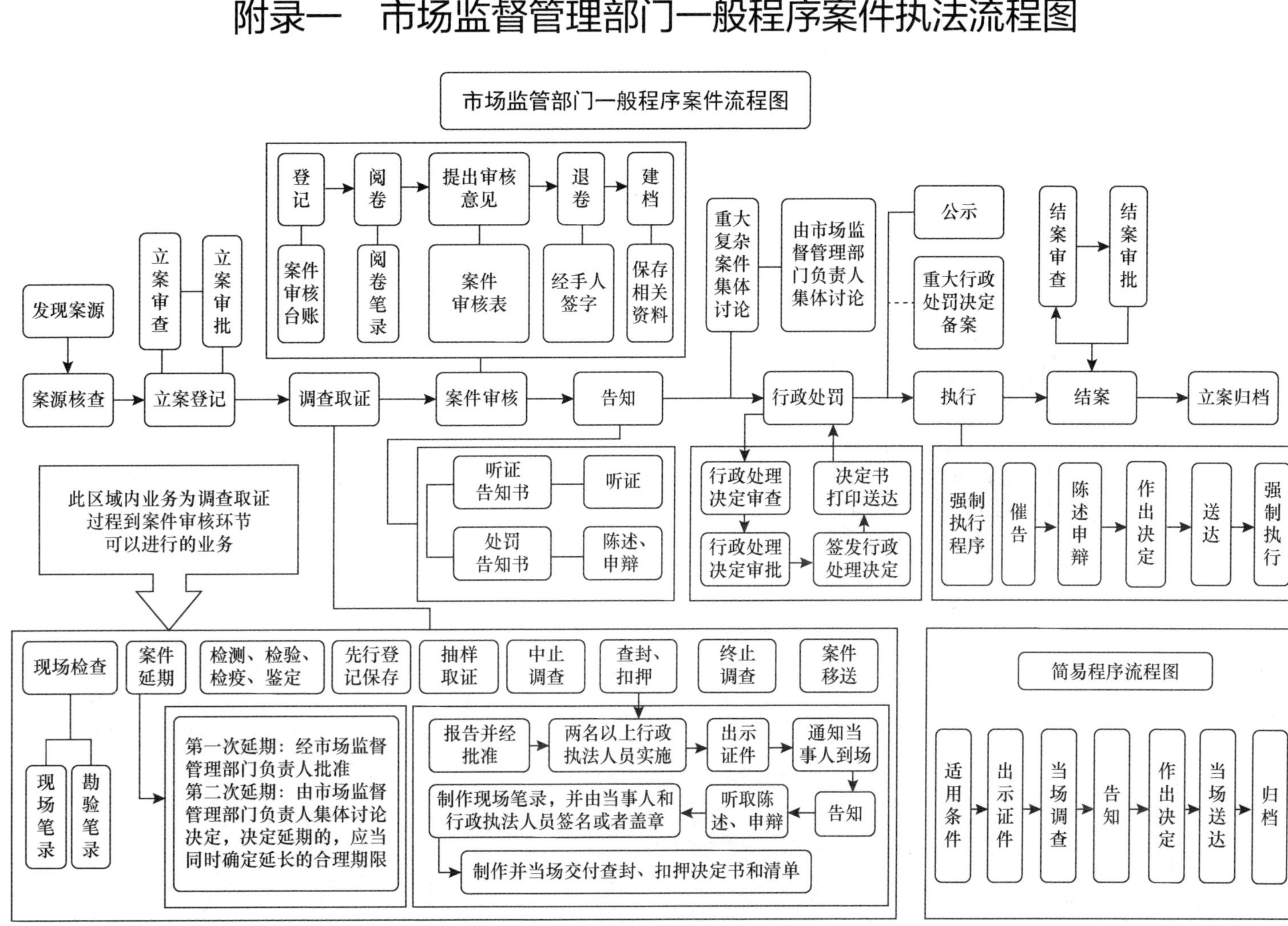

附录二　相关执法文书范本及法律、法规、规章、规范性文件下载

执法人员可通过扫描以下二维码，下载相关执法文书范本及法律、法规、规章、规范性文件。